懲戒請求・紛議調停
を申し立てられた際の
弁護士実務と心得

伊藤 諭／北 周士 著

第一法規

は　し　が　き

「最近、懲戒請求が多くなったのではないか」

「近年、懲戒処分が増えたなあ」

　こう考える弁護士は少なくないのではないでしょうか。実は統計上、懲戒請求事案の新受事件はおおむね3,000件前後と横ばいが続いています。実際に懲戒処分がなされた件数も、年間おおむね100件前後と実はそこまで大きな変動はありません。では、なぜこのような「体感治安」の差を感じるのか。

　まず、考えられるのが、懲戒請求のカジュアル化。古くは弁護士がメディアを通じて市民に懲戒請求を呼びかけた事案、その後のいわゆる大量懲戒請求事案が引き金となり、社会における「弁護士に対する懲戒請求」の認知度は確実に上がっています。同業者からは、「依頼者から、懲戒請求をほのめかされた」「相手方から、懲戒請求するぞ、といわれた」などという声が少なからず聞かれており、市民にとって身近になっていることは疑いようがありません。

　次に、懲戒基準と量定水準が変化している実感。統計的に推し量るのは極めて困難ではありますが、毎月の「自由と正義」の公告をみていても、以前であれば懲戒されていなかったかもしれない事案で懲戒されていたり、比較的軽い処分にとどまっていただろう事案で重い処分になっているものが散見されます。

　懲戒請求は「何人も」求めることができる行為です。いつ何時、誰から懲戒請求を受けるかわからず、すべての弁護士にとって他人事ではありません。ところが、これほど身近な懲戒制度について、十分かつ正確な認識を有している弁護士は多くはありません。また、他士業においては、非行の種類によって選択するべき量定基準が定められているにもかかわらず、弁護士の

懲戒手続においては、いわゆる量定基準がなく、すべてが懲戒委員会の広範な裁量に委ねられています。弁護士の懲戒事由が、公私にわたる「品位」にも及ぶことから、量定の選択の幅を確保しておく必要があるわけですが、これが弁護士の懲戒手続のブラックボックス化を招く一因にもなっています。

ところで、本書執筆の背景について私個人の経験を記しておきます。

大きなきっかけの1つは、所属単位会の綱紀委員としての経験です。「弁護士白書　2022年版」によると、綱紀委員会において審査相当の議決がなされたのは全体の6％強（2022年）です。綱紀委員として、様々な事案に触れてみると、対象弁護士に同情する事案が大多数の中、相場を見誤った対応をしたり、おそらく誰にも相談できずにご自身で判断されたことにより事案を客観視できていないと思われるものも少なくありませんでした。もっとうまく対応していれば違う結果になったかもしれないという思いが拭いきれませんでした。

もう1つのきっかけは、業務妨害的な懲戒請求を濫発された弁護士の支援をしたことです。所長弁護士から壮絶なパワハラを受けていたある若手の弁護士の代理人をしていたのですが、若手弁護士が事務所退職後、在職中には円満であったはずの（元）依頼者らから、立て続けに10件以上懲戒請求を受けたのです。すべて別の事件に関するものです。中にはつい先週まで連絡をとり合っていた人も含まれていました。所長弁護士と共同で受任していた事件であるにもかかわらず、当該若手弁護士だけを狙った極めて不自然な懲戒請求でした。しかし、事件の内容は1件1件個性がありますので、その対応に追われる日々が続きました（当時は、弁護士会から書留郵便が来ないか毎日怯えていたとのことです）。結果として、すべて懲戒不相当で終了したのですが、これを彼1人で対応することを余儀なくされていたとしたら身の毛がよだつ思いがします（余談ですが、元所長弁護士の刑事事件における公判で証人に立った元依頼者が、所長弁護士に頼まれて中身をよく確認せずに懲

戒の書面にサインをしたという趣旨の証言をしていました）。

　この若手弁護士関連の地裁判決が出た直後である2021年5月、主に懲戒請求を受けた弁護士のサポートをする事業「士業レスキュー」を始めたところ、若手ベテランを問わず、知り合いの弁護士に相談しにくいトラブル、深刻な懲戒請求事案で対応に苦慮している事案等の相談をいただき、数多くのニーズがあることがわかりました。このようなニーズがあるのに巷にあふれる弁護士職務基本規程やいわゆる弁護士倫理に関する本は、過去の懲戒事例の紹介であったり、「このような場面においてどのような対応をとるべきであるか」といったいわば行為規範に関するものがほとんどで、「どうしたらよいか」に答えられる類書が見当たりませんでした。本書は、そのように、現に顧客や相手方等から懲戒請求を受け、どのように対応してよいか迷っている弁護士に向けて執筆したものになります。

　このたび、北周士弁護士から、SNSを通じて本書執筆のお誘いをいただき、貴重な機会を得ることができました。また、第一法規株式会社編集第一部の三ツ矢沙織さん、藤井恒人さんには、なかなか筆の進まない私たちのお尻を押してもらいました。司法修習生のKさんにも本書に関する貴重な意見をもらいました（法曹の船出が懲戒に関するものであったことに若干の申し訳なさを感じています）。携わっていただいた皆様がいなければ、本書は世に出ることはありませんでした。ありがとうございました。

2023年7月

弁護士　伊藤　諭

執筆者紹介

伊藤　諭

弁護士法人ＡＳＫ川崎

神奈川県弁護士会・55期

神奈川県弁護士会綱紀委員会委員を４年務める。任期中に多数の懲戒請求事案を目にしたこと、支援していた若手弁護士が依頼者らから不自然な大量懲戒請求を受けたことから、懲戒手続における代理人の必要性を実感し、士業の懲戒手続、クライアントトラブルをサポートする「士業レスキュー®」（https://ask-for-pro.com/wp/）を開始。全国の弁護士から相談や依頼を受けている。

北　周士

法律事務所アルシエン

東京弁護士会・60期

2018年より現事務所パートナー。大量懲戒請求事件において、対象弁護士の立場になった経験から本書を企画。通常の弁護士業務に加えて、弁護士の経営支援も行っている。著書に『弁護士　独立のすすめ』『弁護士　独立のすすめ　Part 2』『弁護士　転ばぬ先の経営失敗談』『弁護士　独立・経営の不安解消Ｑ＆Ａ』『弁護士「好きな仕事×経営」のすすめ』『弁護士「セルフブランディング×メディア活用」のすすめ』（全て共著）がある。

凡　例

1．規程名略語

職務基本規程　　弁護士職務基本規程

綱紀委員会規程　　綱紀委員会及び綱紀手続に関する規程

懲戒委員会規程　　懲戒委員会及び懲戒手続に関する規程

綱紀審査規程　　綱紀審査会及び綱紀審査手続に関する規程

2．判例出典略語

民集　　　　　　最高裁判所民事判例集

裁判集民　　　　最高裁判所裁判集民事

行裁例集　　　　行政事件裁判例集

判タ　　　　　　判例タイムズ

判時　　　　　　判例時報

金判　　　　　　金融・商事判例

裁判所 HP　　　裁判所ウェブサイト

3．裁判例の書誌事項の表示について

　　裁判例には、原則として判例情報データベース「D1-Law.com 判例体系」
（https://han-dh.d1-law.com/）の検索項目となる判例 ID を〔　〕で記載
した。

　例：最判平成17年12月19日民集59巻10号2964頁〔28110085〕

4．文献略語

日弁連調査室・条解弁護士法〈第 5 版〉

　　日本弁護士連合会調査室編著『条解弁護士法〈第 5 版〉』弘文堂（2019

年）

日弁連倫理委員会・解説職務基本規程〈第3版〉

　日本弁護士連合会弁護士倫理委員会編著『解説　弁護士職務基本規程
　〈第3版〉』日本弁護士連合会（2017年）

日弁連調査室・懲戒手続研究と実務〈第3版〉

　日本弁護士連合会調査室編『弁護士懲戒手続の研究と実務〈第3版〉』
　日本弁護士連合会（2011年）

日弁連倫理委員会・注釈倫理〈補訂版〉

　日本弁護士連合会弁護士倫理に関する委員会編『注釈弁護士倫理〈補
　訂版〉』有斐閣（1996年）

第1編

懲戒請求

第1章 | 懲戒制度の概要

1 弁護士に対する懲戒制度

（1）懲戒制度の目的

　弁護士は、基本的人権を擁護し、社会正義を実現することを使命とし、誠実にその職務を行い、社会秩序の維持及び法律制度の改善に努力しなければならない（弁護士法1条）。これに伴い、社会の弁護士に対する信頼を維持し、向上させるために、弁護士に対する指導監督が十分に行われる必要がある。

　もっとも、国家権力と国民の基本的人権とが衝突する場合、弁護士が裁判所や法務大臣の監督に服していたら、その使命を全うすることが難しくなり、ひいては国民の基本的人権に対する侵害にもつながりかねない。そこで、弁護士会や日弁連が弁護士に対する監督権、懲戒権を有する弁護士自治が認められるに至った。

　弁護士自治に基づく弁護士懲戒制度は公益的見地に基づくものとされている。実態として、弁護士が携わった事件の関係者により、その被害の救済や被害感情の満足を目的として懲戒請求がなされることがあるが、そうした機能は副次的なものにすぎない。

　本章の執筆に当たっては、全面的に日弁連調査室・条解弁護士法〈第5版〉及び、日弁連調査室・懲戒手続研究と実務〈第3版〉を参考にしている。

（2）懲戒処分の性質

　弁護士に対する懲戒処分は、弁護士会及び日弁連に付与された公の権能に

基づいてなされる広義の行政処分に当たる。懲戒された弁護士等が、行政不服審査法に基づく審査請求をすることができ（行政不服審査法2条）、取消訴訟を提起することができる（弁護士法61条）のもこのためとされている（最大判昭和42年9月27日民集21巻7号1955頁〔27001041〕参照）。

2 弁護士会の懲戒手続

（1）懲戒手続全体

ア フローチャート

本項では、弁護士会における懲戒手続について概要を説明する。

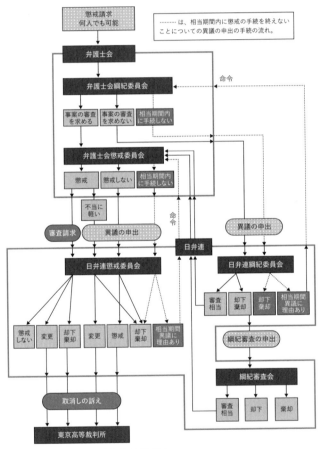

弁護士の懲戒手続の流れ

【注】1. 日弁連及び弁護士会の請求に基づく手続は除く。
2. 各委員会の議決に基づく日弁連及び弁護士会の決定は除く。

出典：「弁護士白書　2022年版」156頁（以下同）

イ 懲戒請求

懲戒請求は「何人も」することができる（弁護士法58条1項）。当然、利害関係のない第三者でも可能である。

なお、懲戒請求者は懲戒手続における「当事者」ではない。調査開始通知書や決定の通知は送付されるが、手続に関与する権利があるわけではない。一定の場合に、日弁連に対し、異議の申出（弁護士法64条1項）や綱紀審査の申出（弁護士法64条の3第1項）をすることは可能である。

また、懲戒請求を取り下げることも可能だが、懲戒請求の取下げや懲戒請求者の死亡によって懲戒手続が終了することはない。死亡によって懲戒請求者の地位を相続人が承継することもない。取下げ後は懲戒請求者ではなくなるため決定の通知なども送付されない。

弁護士に対して懲戒処分を受けさせる目的をもって、虚偽の事実を申告して懲戒請求した懲戒請求者については、刑法172条の虚偽告訴等の罪が成立するものと解されている。

弁護士会は、懲戒請求があったとき、綱紀委員会に事案の調査をさせることになる（弁護士法58条2項）。また、弁護士会は「所属の弁護士又は弁護士法人について、懲戒の事由があると思料するとき」も綱紀委員会に事案の調査をさせなければならない（いわゆる「会請求」「会立件」）。

ウ 対象弁護士

弁護士会が懲戒手続を開始するための要件として、対象弁護士が

①弁護士であること

②その弁護士会に所属していること

が必要である。

（ア）弁護士であること

①については、特定の弁護士について複数の懲戒請求が審査されていて、そのうちの1つについて退会命令か除名の懲戒処分が告知されたときが問題になる。

　後述するとおり、告知によって直ちに処分の効力が発生するという現在の考え方によれば、退会命令や除名の懲戒処分の告知とともに弁護士ではなくなるため、他の懲戒手続については、「対象弁護士の弁護士たる資格喪失により終了した」との議決がなされ、終了することになる。その後、審査請求などにより、退会命令や除名の懲戒処分が変更され、弁護士たる身分が回復したとしても、いったん終了した手続が復活することはないと考えられている。

（イ）その弁護士会に所属していること

　②については、登録替えの問題に関連する。

　懲戒の手続に付された弁護士は、懲戒逃れを防ぐため、登録替えや登録取消しの請求ができないことになる（弁護士法62条1項）。

　しかしながら、たまたま登録替えの手続が完了した後で懲戒請求がなされた場合など、その弁護士会に所属しない弁護士に対する懲戒請求になることがあり得る。

　その場合、対象弁護士の適格性を失い、その弁護士会は懲戒できないことになる。

エ　除斥期間

　懲戒の事由があったときから3年を経過したときは、懲戒の手続を開始することができないことになっている（弁護士法63条）。

　いわゆる3年の除斥期間を定めたものであるが、「懲戒の事由があったとき」の解釈と、「懲戒の手続」を開始することの解釈がいずれも問題になる。

（ア）「懲戒の事由があったとき」の解釈

　除斥期間の始期は「懲戒事由たる行為が終了したとき」と解釈されている。

　例えば「預り金を着服したまま返還しない」という事由の場合、返還時が始期となる。着服時ではないので、着服したまま返還しなかった場合にはいつまで経っても除斥期間が進行しないことになる。

　また、行為の態様によっては、複数の行為が「一体のもの」として全体が
１つの懲戒請求事由と評価されることがある。その場合、事実上３年以上前
の行為も審査の対象になることはあり得る。

（イ）「懲戒の手続」の解釈

　「懲戒の手続」とは、（懲戒委員会の事案の審査ではなく）「綱紀委員会の
調査」をいう。

　綱紀委員会の調査に付された時点で３年経っている事由については懲戒手
続を開始することはできない。

　なお、「懲戒請求をしたとき」が基準ではない。通常、弁護士会が懲戒請
求を受理してから、綱紀委員会の調査に付するまで、数日のタイムラグがあ
り、この間に３年が経過してしまうことが時折ある。

（2）綱紀委員会の調査

ア　綱紀委員会の役割

　懲戒請求を受けた弁護士会は、いきなり懲戒委員会の審査に付することは
できず、まず綱紀委員会の調査に付することになる。

　これは、懲戒請求の濫用による弊害を防止するためであると同時に、一定
の懲戒不相当事由を早期に排除して懲戒委員会の審査を充実させる目的があ
るといわれている。

　つまり、綱紀委員会の調査は、いうなれば「あらごなし」の役割を求めら
れているのである。

イ　綱紀委員会委員の構成

　弁護士会の綱紀委員会の委員は、弁護士、裁判官、検察官及び学識経験者
で構成されている（弁護士法70条の３）。

　綱紀委員会の委員は、「刑法その他の罰則の適用については、法令により
公務に従事する職員」とみなされる（同条４項）ため、公務執行妨害の対象
や贈収賄の主体になり得る。

ウ　調査権限

　綱紀委員会は、調査又は審査に関し必要があるときは、対象弁護士等、懲戒請求者、関係人及び官公署その他に対して陳述、説明又は資料の提出を求めることができる（弁護士法70条の７）。弁護士がこれらの提出を求められた場合は、正当な事由がない限り、これに応じる義務がある。

　また、各弁護士会の会規によって、対象弁護士の審尋、関係人の審尋、物の検証や鑑定の嘱託などができるとされている。

エ　調査の流れ

　まず、綱紀委員会の調査は、懲戒請求者、対象弁護士等、懲戒事由に該当する事実が特定されているかどうか等を実質的に調査することになる。特に、懲戒事由に該当する事実の特定は、対象弁護士の防御の対象を明示することになり、また議決の効力が生じる範囲を画するなど極めて重要な意義を有するため、格別な留意が必要になる。

　次に、対象弁護士に弁明書の提出を求めて、争点を整理する。事案によっては、懲戒請求者、対象弁護士、参考人らを呼び出してその供述を聴取して調書を作成したり、証拠の提出を求めるなどして、懲戒事由に該当する事実が存在するか、それが非行に当たるかなどを調査する。除斥期間についても実質的に調査することになる。

　調査が完了すれば、綱紀委員が議決書案を作成（通常は委員の中から主査を決めて、議決書の案を作成させる）し、これを基に綱紀委員会に報告させ、委員会において議決する流れとなる。

　委員会の議事は原則非公開である。

　記録の閲覧謄写については、対象弁護士に対しては適正手続の観点から許可されるが、懲戒請求者等に対しては委員会の裁量に委ねられている。

オ　懲戒請求の取下げ、請求者の死亡

　対象弁護士等と示談が成立するなどして、懲戒請求が取り下げられたとしても、懲戒手続には何らの影響も及ぼさない。懲戒請求者の死亡の場合も同

様である。懲戒手続が公益的な目的に基づくもので、懲戒請求は、調査開始の端緒にすぎないからである。

　もっとも、示談の成立や懲戒請求の取下げの事実を対象弁護士に有利な情状として斟酌することは可能である。

カ　綱紀委員会の議決

　綱紀委員会は調査を終了すると、対象弁護士等に対して懲戒委員会に事案の審査を求めることを相当と認めるかどうかの議決をすることになる。

　議決の種類は次のとおりである。

　①「懲戒委員会に事案の審査を求めることを相当と認める」

　②「懲戒委員会に事案の審査を求めないことを相当とする」

　③「本件懲戒手続は、【対象弁護士の死亡／弁護士資格の喪失／弁護士の
　　身分の喪失】により終了した」

　綱紀委員会の議決がなされ、弁護士会に報告されると、弁護士会はその結果に拘束される。

　①の場合は、懲戒委員会に事案の審査を求める（懲戒請求事由の一部のみ求めることが相当であればその部分のみの審査を求めることになる）、②の場合は、対象弁護士を懲戒しない旨の決定をすることになる。

COLUMN

複数の懲戒請求事由があるときの綱紀委員会の議決について

　複数の懲戒請求事由があり、綱紀委員会がそのうちの一部について懲戒委員会の審査を求めることが相当と判断したにもかかわらず、主文では「懲戒委員会に事案の審査を求めることを相当と認める」と議決した場合における懲戒委員会の審査の対象について争われた事件がある（東京高判令和4年4月14日判時2542号56頁〔28311166〕。その後最高裁で確定）。

　同判決によれば、平成18年2月1日付け日弁連綱紀委員会委員長から全国の弁護士会綱紀委員長宛てに発出されたお願いの文書を引用して、「〈1〉弁護士会綱紀委員会が調査した結果、懲戒請求の対象となっている複数の事実が事案ないし事件として同一性の範囲内にあると認めた上でその一部の事実について懲戒事由に相当し、その余の事実について懲戒不相当又は非行なしと判断した場合は、議決主文としては、単に懲戒相当ということになる（他方、複数事実間に事案ないし事件の同一性が認められない場合には、議決主文として、各事実ごとに懲戒相当・懲戒不相当の別を明記することになっているとして、平成6年12月22日付け日本弁護士連合会会長通知を引用する）、〈2〉この場合、たとえ議決書理由中に一部の事実について懲戒不相当又は非行なしとの判断が記載されていても、事案全体が懲戒委員会の審査に付されることになるのであり、議決書理由中で懲戒不相当又は非行なしと判断された事実について懲戒請求者に対し、異議申出ができる旨の教示がされることはない」とし、「弁護士会綱紀委員会が、懲戒請求の対象となっている複数の事実が事案ないし事件として同一性の範囲にあると認めた上でその一部について懲戒事由に相当すると判断し、議決主文として単に懲戒相当とした場合における弁護士会懲戒委員会による審査の対象について、本件懲戒処分当時、弁護士会（日弁連を含む。）においては、弁護士会懲戒委員会では全ての懲戒請求事由につき審査の対象とすべきとの解釈が定着していたといえる。また、弁護士法58条3項及び5項は、綱紀委員会は、対象弁護士等につき懲戒委員会に『事案の審査』を求めることを相当と認めるときは、その旨の議決をするとし、この場合において、弁護士会は、当該議決に基づき、懲戒委員会に『事案の審査』を求めなければならず、懲戒委員会は、『事案の審査』により対象弁護士等につき懲戒することを相当と認めるときは、懲戒の処分の内容を明示して、その旨の議決をすると定めており、このような解釈が懲戒の手続に関する弁護士

法の上記規定の趣旨に反するとはいえないから、上記の場合には、弁護士会懲戒委員会では全ての懲戒請求事由が審査の対象となると解するのが相当である。」と判断した。

　つまり、綱紀委員会の議決主文が「懲戒委員会に事案の審査を求めることを相当と認める」としか記載されていない場合、理由中にどのような判断がなされていたとしても、全体が懲戒委員会の審査の対象となるということである。

　筆者個人の経験で恐縮であるが（綱紀委員会の議決は公表されないので、資料の収集に限界がある）、懲戒請求事由ごとに主文を分けている例はあまりなく、果たしてこのような運用が「定着」しているといえるかは強い疑問があるが、今後はこの裁判例を念頭に対応する必要がある。

キ　不服の申立て

　懲戒委員会に事案の審査を求める決定がなされた場合であっても、対象弁護士等は不服の申立てはできない。改めて懲戒委員会で審査がなされることになる。

　他方、懲戒請求者は、懲戒しない旨の決定に対し、日弁連に異議の申出をすることができる（弁護士法64条1項）。弁護士会は、懲戒請求者に対し、異議申出期間内（懲戒の処分にかかる通知を受けた日の翌日から起算して3か月以内）に日弁連に対して異議の申出ができる旨を教示しなければならない（日本弁護士連合会会則68条の4第2項）。

（3）懲戒委員会の審査

ア　懲戒委員会の役割

　弁護士会が所属弁護士を懲戒するには、懲戒委員会の議決に基づかなければならない（弁護士法58条5項）。つまり、弁護士を懲戒するかどうかの実

質的な判断をするのが懲戒委員会ということになる。

　懲戒委員会は弁護士会から独立して、懲戒権を適切かつ公正に行使することが求められる。

　判例上、具体的事件の審査に弁護士会会長その他の理事者が理由なく出席して意見を述べることは許されないという事案がある（東京高判昭和42年8月7日行裁例集18巻8＝9号1145頁〔27603093〕）。

イ　懲戒委員会委員の構成

　弁護士会の懲戒委員会の委員は、弁護士、裁判官、検察官及び学識経験者で構成されている（弁護士法66条の2第1項）。懲戒委員会の委員は「刑法その他の罰則については、法令により公務に従事する職員」とみなされ（同条4項）、公務執行妨害の対象や、贈収賄の主体になり得る。

ウ　審査の流れ

　弁護士会は、綱紀委員会の「懲戒委員会に事案の審査を求めることを相当とする」議決があったときは、これに拘束され、懲戒委員会に速やかにその審査を求めなければならない（弁護士法58条3項）。

　対象弁護士の期日出頭権及び陳述権の機会の確保を目的として、懲戒委員会は、審査の期日を定め、対象弁護士に対しその旨を通知する。

　審査期日とは、懲戒請求事案を審査するに際して、対象弁護士、対象弁護士法人の社員、懲戒請求等の関係人の審尋、その他主として証拠を採取する手続等の行為を行うため、懲戒委員会の委員、対象弁護士、対象弁護士の社員その他関係者が一定の場所に会合する日をいう。この審査期日は、主として対象弁護士等の弁明を聴き、有利不利な証拠を採用するものであるから、手続的な保障が求められ、多くの弁護士会においては、審査期日における審査をした後でなければ対象弁護士等を懲戒することを相当と認める旨の議決をすることができないとされている。

　懲戒委員会の審査は原則として職権で行われるが、対象弁護士には陳述権（弁明すること、証拠の申出をなすこと、参考人その他に質問をすること等

が含まれる）が認められている。

　審査期日においては、審査期日調書が作成される。

エ　刑事訴訟と懲戒手続の中止

　懲戒委員会は、同一の事由について刑事訴訟が係属する間は、懲戒の手続を中止することができる（弁護士法68条）。手続を中止することは懲戒委員会の任意であるため、審査を進めることも可能である。なお、法律上は、「刑事訴訟」の係属が必要であり、捜査中の事件はこれに含まれない。

オ　懲戒請求の取下げ、請求者の死亡

　綱紀委員会と同様、対象弁護士等と示談が成立するなどして、懲戒請求が取り下げられたとしても、懲戒手続には何らの影響も及ぼさない。懲戒請求者の死亡の場合も同様である。

　懲戒手続が公益的な目的に基づくもので、懲戒請求は、調査開始の端緒にすぎないからである。もっとも、示談の成立や懲戒請求の取下げの事実を対象弁護士に有利な情状として斟酌することは可能である。

カ　懲戒委員会の議決

　懲戒委員会は審査のうえ、対象弁護士等に対して懲戒処分をするべきかどうか、処分するとして弁護士法57条所定のいずれの処分を選択するか、さらに業務停止を選択する場合その期間をどれほどにするか、を議決しなければならない。懲戒委員会はこの議決をしたら速やかに議決書を作成しなければならない（弁護士法67条の2）。

　議決の種類は次のとおりである。

　①「対象弁護士等を除名することを相当とする。」

　②「対象弁護士等に対し、退会を命ずることを相当とする。」

　③「対象弁護士等に対し、業務を○年○月停止することを相当とする。」

　④「対象弁護士等を戒告することを相当とする。」

　⑤「対象弁護士等を懲戒しないことを相当とする。」

　⑥「本件懲戒手続は、【対象弁護士の死亡／弁護士資格の喪失／弁護士の

身分の喪失】により終了した。」

　懲戒委員会はこれらの議決の結果を弁護士会に報告しなければならない。弁護士会は、この議決に拘束され、総会等によってもこれを変更することはできない。

（4）懲戒委員会議決後の手続

ア　懲戒するとき

　弁護士会は、対象弁護士を懲戒するときは、対象弁護士等に懲戒の処分内容及びその理由を書面により通知しなければならない。具体的には「懲戒書」を作成し、対象弁護士を言渡期日に呼び出し、懲戒書を読み上げて言渡しをしたうえで懲戒書の正本を送達するか、言渡しをしないで正本を送達することになる。

　弁護士会が対象弁護士に対して言渡期日の呼出しをしない場合、又は呼出しをしても対象弁護士がこれに応じない場合、送達の日を告知日とすることになる。

　懲戒請求者に対しても懲戒書の謄本を送付する。除名以外の懲戒処分のときは、弁護士会は、懲戒請求者に対し、異議申出期間内（懲戒した旨の通知を受けた日の翌日から起算して3か月以内）に日弁連に対して異議の申出ができる旨を教示しなければならない（日本弁護士連合会会則68条の4第2項）。

イ　懲戒しないとき

　懲戒請求者に対しては、懲戒しない旨の決定をしたことの通知と議決書の謄本を送付する。また、弁護士会は、懲戒請求者に対し、異議申出期間内（懲戒した旨の通知を受けた日の翌日から起算して3か月以内）に日弁連に対して異議の申出ができる旨を教示しなければならない（日本弁護士連合会会則68条の4第2項）。

　対象弁護士等に対しても、議決書の謄本とともに通知する。

（5）懲戒処分の内容

ア　懲戒処分の効力発生時期

懲戒処分はその告知が行われたときに直ちに効力が発生する（最大判昭和42年9月27日民集21巻7号1955頁〔27001041〕）。処分確定時ではないことに注意が必要である。

イ　懲戒処分の種類（弁護士）

（ア）戒告

弁護士に反省を求め、戒める処分である。

弁護士会が対象弁護士に処分告知をした段階でその効力が生じ、同時に終了する。したがって、執行停止、効力停止の申立てはできない。

戒告は、対象弁護士の身分や弁護士となる資格に対して全く影響を及ぼすものではない。また、弁護士活動に制限を及ぼすものでもない。

ただし、戒告の処分を受けた者は、3年間日弁連会長選挙の被選挙権を失う（日本弁護士連合会会長選挙規程14条1号）ほか、弁護士会の法律相談等の名簿登載の抹消などの不利益を被ることがある。

（イ）2年以内の業務の停止

2年以内の期間、弁護士業務を行うことを禁止する処分である。慣行上、期間は月又は年単位で定められる（ただし、日単位の業務停止期間も例がある）。初日算入によって計算する。

業務の停止は、その処分告知とともにその効力を生じるので、執行停止・効力停止の決定を得られなければ、その処分の効力は停止されない。

業務停止中の業務は新たな懲戒事由になり得るとともに、行為そのものが違法な職務行為になり得る。

業務停止中も弁護士会の会員の身分は維持されるので、弁護士会費は発生する。

なお、業務停止中に登録取消しをすることは可能で、取り消した時点で業務停止の懲戒処分の効力は失効する（昭和59年3月3日付け日弁連会長通

知)。

　業務停止期間中は次のとおりの措置をとらなければならない(「被懲戒弁
護士の業務停止期間中における業務規制等について弁護士会及び日本弁護士
連合会のとるべき措置に関する基準」(平成4年1月17日日弁連理事会議決)
より)。

i　委任契約の解除

　　・委任契約を直ちに解除、解除後、係属する裁判所等に辞任の手続をと
　　　らなければならない。

　　・1か月以内の業務停止の場合で、依頼者が継続を求め、その旨を記載
　　　した確認書を作成し、弁護士会に写しを提出する場合は解除しないこ
　　　とができる。ただし、依頼者に対して委任契約の継続を求める働きか
　　　けをした場合はこの限りでない。委任契約を継続するときは、継続確
　　　認後直ちに、係属する裁判所等に対し処分を受けたこと及び業務停止
　　　の期間を通知しなければならない。

　　・解除した委任契約が債務整理事件であるときは、債権者に対し、委任
　　　契約を解除したことを連絡するものとし、和解が成立した債権者に対
　　　する弁済代行ができないことを通知する(支払期限が処分の効力が発
　　　生した日から10日以内の場合は弁済代行できる)。

ii　顧問契約の解除

iii　期日の延期、変更申請の禁止。裁判所からの送達等受領の禁止

iv　保釈保証金、供託金の還付、和解金等弁済受領、依頼者からの預り金
　　の禁止

v　i、iiの場合、新しく受任する弁護士等に誠実に引継ぎをしなければ
　　ならない。

vi　弁護士報酬の和解金等からの相殺の禁止

vii　新たな復代理人、他の弁護士等の雇用の禁止

viii　処分を受ける前に選任した復代理人、雇用する弁護士等に対する指示

及び監督の禁止

ix　法律事務所の管理、賃貸借契約、雇用する弁護士等、従業員との雇用
契約の継続は可能

x　法律事務所を自らの弁護士業務を行う目的で使用することの禁止（受
任事件の引継ぎその他この基準によって業務停止期間中も認められてい
る事務等のため必要なときは、使用目的等必要な事項の届出を行ったう
えで、弁護士会の承認を得て法律事務所を使用することができる）

xi　弁護士及び法律事務所であることを表示する表札、看板の除去。ただ
し、業務停止期間中であること及びその期間を弁護士会の指示する方法
で表示することに代えることができる。

xii　広告の除去

xiii　弁護士の肩書又は法律事務所名を表示した名刺、事務用箋、封筒使用
の禁止

xiv　弁護士記章、身分証明書の返還

xv　会務活動の禁止

xvi　公職等の辞任

xvii　弁護士又は弁護士となる資格を有する者として弁理士、税理士その他
の資格の業務禁止

xviii　戸籍謄本等請求用紙の返還

xix　弁護士会等との連絡

上記 i からわかるとおり、業務停止1か月以内の業務停止であれば受任事
件の辞任を回避できる余地がある。業務停止期間が1か月以内か1か月を超
えるかで大きな差があることになる。

（ウ）退会命令

　対象弁護士をその所属弁護士会から一方的に退会させる処分である。告知
の日からその所属弁護士会を当然に退会し弁護士の身分を失うことになる。

　執行停止、効力停止がなされない限り弁護士ではなくなるから、当然、弁

護士や法律事務所の表示はしてはならないし、利益を得る目的で法律相談その他法律事務を行うことはできない。

　直ちに事務所を閉鎖し、名刺を使用してはならず、看板等も除去しなければならない。記章や身分証明書も返還しなければならない。弁護士ではなくなるため、弁護士会は指導監督をすることはできなくなる。したがって、退会命令後の業務に対しては、基本的には刑罰の対象として対応することになる（弁護士法77条）。

　退会命令の処分が告知された後は会費の徴収はされないが、効力停止期間中の会費は徴収される。

　もっとも、弁護士の身分を失わせるだけで、弁護士となる資格を失わせるものではないから、法律上は、新たに弁護士会に対して登録請求をすることは可能である。しかしながら、過去の退会命令の懲戒処分を前提に入会審査が行われることから、登録拒絶の可能性は極めて高くなる（弁護士法12条1項、15条1項）。

（エ）除名

　対象弁護士の弁護士たる身分を一方的に奪う処分である。告知の日から3年間、弁護士となる資格を失うことになる。したがって、この期間は再登録の請求はできなくなる。弁護士でなくなることに伴う効果は、退会命令と同様である。

　告知の日から3年経過後は再登録の請求は可能になるが、これが認められた件は過去に1件のみである。

ウ　弁理士及び税理士業務への影響

　弁護士法3条2項は、「弁護士は、当然、弁理士及び税理士の事務を行うことができる」と規定している。他方、弁理士法7条2号、税理士法3条1項3号において、弁護士となる資格を有する者に、弁理士や税理士となる資格を認められている。

　業務停止以上の懲戒処分がされた場合に、これらの業務にいかなる影響が

あるだろうか。

（ア）弁理士、税理士登録なくこれらの事務を行っていた者

　弁護士が、登録なく弁理士業、税理士業（通知税理士）を行っていた場合、これらはあくまで弁護士法に基づく弁護士としての業務としてこれらの事務を行う者にすぎないため、業務停止以上の処分の効果として、これらの事務は当然に禁止されることになる。

（イ）弁護士資格に基づき弁理士や税理士の登録をしてこれらの業務を行っていた者

　この場合、税理士法には、弁護士の業務停止期間中、税理士業務を行ってはならない規定（税理士法43条）、懲戒処分により除名された場合の登録抹消（同法4条10号、26条1項4号）が定められている（退会命令の場合は規定がない）。

　他方、弁理士法には、懲戒処分により除名された場合の登録の抹消（弁理士法8条7号、24条1項3号）の規定しかない。もっとも、日弁連の弁護士会に対する指導連絡監督権を根拠に「被懲戒弁護士の業務停止期間中における業務規制等について弁護士会及び日本弁護士連合会のとるべき措置に関する基準」によって、業務停止期間中の弁理士業務は禁止されている。

エ　懲戒処分の種類（弁護士法人）

（ア）戒告

　弁護士に対するそれと異なる点はない。

（イ）2年以内の弁護士法人の業務の停止又はその法律事務所の業務の停止

　主たる法律事務所所在地の弁護士会は、弁護士法人全体に対する指導監督権を有していることから、弁護士法人全部又は一部の法律事務所に対する業務の停止を命ずることができる。主たる法律事務所所在地でない地域の法律事務所のみの処分も可能である。

　対して従たる法律事務所所在地の弁護士会は、その地域内にある法律事務所（複数ある場合はそのうちの全部若しくは一部）の処分のみが可能であ

る。

なお、弁護士法人に対する業務停止は、当然にその社員弁護士や使用人弁護士に及ぶものではなく、個人としての業務継続は可能である。

その他、弁護士法人が業務停止となった場合のとるべき措置については次のとおりである（「被懲戒弁護士法人の業務停止期間中における業務規制等について弁護士会及び日本弁護士連合会の採るべき措置に関する基準」（平成13年12月20日理事会議決）より）。

①弁護士法人が業務停止のとき

　　i　委任契約の解除

　　　・委任契約を直ちに解除、解除後、係属する裁判所等に辞任の手続をとらなければならない。

　　　・1か月以内の業務停止の場合で、依頼者が継続を求め、その旨を記載した確認書を作成し、弁護士会に写しを提出する場合は解除しないことができる。ただし、弁護士法人が依頼者に対して委任契約の継続を求める働きかけをした場合はこの限りでない。委任契約を継続するときは、継続確認後直ちに、係属する裁判所等に対し処分を受けたこと及び業務停止の期間を通知しなければならない。

　　　・解除した委任契約が債務整理事件であるときは、債権者に対し、委任契約を解除したことを連絡するものとし、和解が成立した債権者に対する弁済代行ができないことを通知する（支払期限が処分の効力が発生した日から10日以内の場合は弁済代行できる）。

　　　・社員等について弁護士法30条の6第1項により選任された事件の辞任。ただし解除しない事件に関してはこの限りでない。

　　ii　顧問契約の解除

　　iii　期日の延期、変更申請の禁止。裁判所からの送達等受領の禁止

　　iv　保釈保証金、保全保証金、供託金の還付、和解金等弁済受領、依頼者からの預り金の禁止

v　i、iiの場合、新しく受任する弁護士に誠実に引継ぎをしなければ
ならない。

vi　弁護士報酬の和解金等からの相殺の禁止

vii　社員と依頼者の指定関係終了（1か月以内の業務停止の場合で依頼
者が指定の継続を求めるときは、指定を継続して業務停止の期間が満
了した後に再び業務を行うことができる）

viii　新たな復代理人、他の社員等の雇用の禁止

ix　処分を受ける前に選任した復代理人、使用人である弁護士等に対す
る指示及び監督の禁止

x　法律事務所の管理、賃貸借契約、使用人弁護士等、従業員との雇用
契約の継続は可能

xi　法律事務所を自らの弁護士法人の業務を行う目的で使用することの
禁止（受任事件の引継ぎその他この基準によって業務停止期間中も認
められている事務等のため必要なときは、使用目的等必要な事項の届
出を行ったうえで、弁護士会の承認を得て法律事務所を使用すること
ができる）

xii　弁護士法人及び法律事務所であることを表示する表札、看板の除
去。ただし、業務停止期間中であること及びその期間を弁護士会の指
示する方法で表示することに代えることができる。

xiii　広告の除去

xiv　弁護士法人及びその社員等として使用する名刺、弁護士法人の法律
事務所名を表示した事務用箋、封筒使用の禁止

xv　弁理士、税理士その他の資格、弁護士法30条の5の規定に基づく法
務省令に定める業務の禁止

xvi　社員等の自己の業務の受任
・弁護士法人が処分を受ける前から自己の業務として受任していた事
件については業務を行うことが可能

・弁護士法人が ⅰ 又は ⅱ により解除した事件を自己の業務として引き継ぎ受任することは禁止

・依頼者が弁護士法人の業務停止にかかる説明を受けたうえで当該社員等に委任する旨の書面を作成して受任を求めるときは引き継ぎ受任が可能。ただし、当該社員が依頼者に委任を求める働きかけをした場合はこの限りでない。

xⅶ　自己の業務のための法人名義の口座の使用禁止

xⅷ　法律事務所の設置、移転の禁止

xⅸ　戸籍謄本等請求用紙の返還

ⅹⅹ　弁護士会等との連絡

②弁護士法人の法律事務所が業務停止のとき

ⅰ　受任事件の解除

業務停止に係る法律事務所が主として業務を行う受任事件について弁護士法人の業務停止に準じた措置をとらなければならない。業務停止期間が1か月以内でであって依頼者が委任契約の継続を求め又は依頼者が弁護士法人の他の法律事務所が業務を行うこととして委任契約等の継続を求めて、そのいずれかの旨を記載した確認書を作成し、その写しを弁護士会等に提出する場合は、委任契約等を継続することができる。

ⅱ　顧問契約の解除

直ちに依頼者との顧問契約を解除しなければならない。顧問契約の継続を求めて、そのいずれかの旨を記載した確認書を作成し、その写しを弁護士会等に提出する場合は、顧問契約等を継続することができる。

ⅲ　期日の延期、変更申請の禁止。裁判所からの送達等受領の禁止

ⅳ　保釈保証金、保全保証金、供託金の還付、和解金等弁済受領、依頼

者からの預り金の禁止

v　i、iiの場合、新しく受任する弁護士に誠実に引継ぎをしなければ
ならない。

vi　業務停止に係る法律事務所が主として業務を行う法律事件に関する
弁護士報酬の和解金等からの相殺の禁止

vii　業務停止に係る法律事務所が主として業務を行う法律事件に関する
社員と依頼者の指定関係終了（1か月以内の業務停止の場合で依頼者
が指定の継続を求めるときは、指定を継続して業務停止の期間が満了
した後に再び業務を行うことができる）

viii　業務停止に係る法律事務所に関して新たに復代理人、他の社員等の
雇用の禁止

ix　業務停止に係る法律事務所が主として業務を行う法律事件に関して、
処分を受ける前に選任した復代理人、使用人である弁護士等に対する
指示及び監督の禁止

x　業務停止に係る法律事務所について法律事務所の管理、賃貸借契約、
使用人弁護士等、従業員との雇用契約の継続は可能

xi　業務停止に係る法律事務所を自らの弁護士業務を行う目的で使用す
ることの禁止（受任事件の引継ぎその他この基準によって業務停止期
間中も認められている事務等のため必要なときは、使用目的等必要な
事項の届出を行ったうえで、弁護士会の承認を得て法律事務所を使用
することができる）

xii　業務停止に係る法律事務所であることを表示する表札、看板の除去。
ただし、業務停止期間中であること及びその期間を弁護士会の指示す
る方法で表示することに代えることができる。

xiii　業務停止に係る法律事務所について広告の除去

xiv　業務停止に係る法律事務所を登録事務所とする社員等として使用す
る名刺、業務停止に係る法律事務所名を表示した事務用箋、封筒使用

　　　の禁止

　xv　業務停止に係る法律事務所における弁理士、税理士その他の資格、
　　　弁護士法30条の５の規定に基づく法務省令に定める業務の禁止

　xvi　業務停止に係る法律事務所を登録事務所とする社員等の自己の業務
　　　の受任

　　　・法律事務所が処分を受ける前から自己の業務として受任していた事
　　　　件については業務を行うことが可能

　　　・ⅰ又はⅱにより解除した事件を自己の業務として引き継ぎ受任する
　　　　ことは禁止

　　　・依頼者が業務停止にかかる説明を受けたうえで当該社員等に委任す
　　　　る旨の書面を作成して受任を求めるときは引き継ぎ受任が可能。た
　　　　だし、当該社員が依頼者に委任を求める働きかけをした場合はこの
　　　　限りでない。

　xvii　自己の業務のための法人名義の口座の使用禁止

　xviii　弁護士会の地域内のすべての法律事務所について処分を受けたとき
　　　は、法律事務所の設置、移転の禁止

　xix　戸籍謄本等請求用紙の返還

　xx　弁護士会等との連絡

（ウ）退会命令（当該弁護士会の地域内に従たる法律事務所のみを有する弁
　　　護士法人に対するものに限る）

　　退会命令の処分を行うことができるのは、当該地域内に従たる法律事務所
のみを有する弁護士法人に対するものに限る。つまり、主たる法律事務所が
ある地域の弁護士会は、退会命令を選択できないことになる。

（エ）除名（当該弁護士会の地域内に主たる法律事務所を有する弁護士法人
　　　に対するものに限る）

　　退会命令とは逆に、除名処分をできるのは主たる法律事務所を有する弁護
士法人に対するものに限る。この場合、弁護士法人は当然に解散となり、清

算手続に入る。この清算手続中は弁護士会の監督が必要であることから、清算結了までの間、法人の弁護士会会員たる身分は存続するとされている。

3　日弁連の懲戒手続

　ここでは、日弁連の懲戒手続に関する機関の解説と、懲戒請求者のする異議の申出、綱紀審査の申出、被懲戒弁護士のする審査請求について解説する。日弁連が懲戒手続に付した懲戒事案の調査（弁護士法60条）については割愛する。

（1）日弁連の懲戒手続に関する機関

ア　日弁連の綱紀委員会

　平成15年弁護士法改正によって初めて日弁連の綱紀委員会が法定された（それまでも存在していたが、法律上の根拠がなかった）。

　日弁連の綱紀委員会の任務は次のとおりである。

　①日弁連が懲戒手続に付した懲戒事案の調査（弁護士法60条2項。なお本書では割愛する）

　②綱紀審査会から嘱託を受けた事項の調査（弁護士法71条の6第2項）

　③弁護士会の議決に基づく懲戒しない旨の決定及び弁護士会がその綱紀委員会の調査の段階で相当の期間内に懲戒の手続を終えないことに対する異議の審査（弁護士法64条の2第1項、2項、4項、5項）

　④その他弁護士及び弁護士法人の綱紀保持に関する事項（弁護士法70条3項、日本弁護士連合会会則70条2項）

　構成は、弁護士である委員24人、裁判官、検察官及び学識経験者各2人で、さらに予備委員がいる。

イ　綱紀審査会

　平成15年弁護士法改正で設置されることとなった機関である。

　綱紀審査会の任務は、日弁連が異議の申出を却下し又は棄却する決定をした場合において、不服があるときに行う綱紀審査の申出（弁護士法71条2

項、64条の3）の審査である。

　綱紀審査会の目的は、国民の意見を反映させて懲戒手続の適正を確保するという点にあり、弁護士自治の観点から、綱紀審査会を日弁連の外部組織ではなく内部組織として置いたものである。

　構成は、学識経験者11人であり、弁護士、裁判官、検察官、又はこれらであった者は含まれない（弁護士法71条の2、71条の3第1項）。

ウ　日弁連の懲戒委員会

　日弁連の懲戒委員会の任務は、

　①弁護士法59条の審査請求があったとき

　②弁護士会の懲戒委員会の審査に付された事案について弁護士法64条1項
　　の規定による異議の申出があったとき

　③日弁連の綱紀委員会が弁護士法60条3項の規定により懲戒委員会に事案
　　の審査を求めることが相当と認める旨を議決したとき

にそれぞれ必要な審査をすることである。

　構成は、弁護士である委員を8人、裁判官、検察官である委員を各2人、学識経験者である委員を3人とし、さらに予備委員がいる。

（2）異議の申出

ア　異議の申出の種類

　弁護士法58条1項の規定により弁護士又は弁護士法人に対する懲戒の請求があったにもかかわらず、

　①弁護士会が対象弁護士等を懲戒しない旨の決定をしたとき

　②相当の期間内に懲戒の手続を終えないとき（相当期間異議）

　また

　③弁護士会がした懲戒の処分が不当に軽いと思料するとき

に、懲戒請求者は異議の申出をすることができる（弁護士法64条1項）。

　弁護士会の綱紀委員会の議決に対しては日弁連の綱紀委員会に、弁護士会

の懲戒委員会の議決に対しては日弁連の懲戒委員会にそれぞれ審査が付される
ことになる。

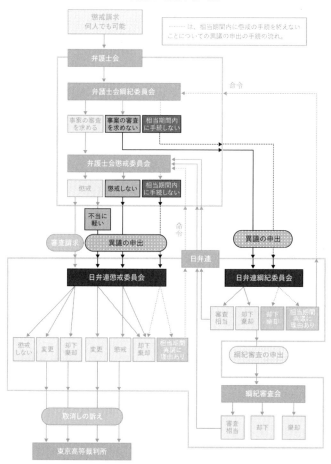

弁護士の懲戒手続の流れ

イ　異議の申出権者

　異議の申出をなし得るのは、懲戒請求をした者に限られる。懲戒請求を取
り下げた者は異議の申出もできないと解されている。懲戒請求者が死亡した
場合の相続人も異議の申出はできない。

ウ　取下げの効果

　異議の申出の取下げはいつでもすることができ（綱紀委員会規程46条１項、懲戒委員会規程73条１項、２項）、異議の申出の取下げがあったときは審査を終了する旨の議決をする（綱紀委員会規程46条３項、懲戒委員会規程73条３項）。

エ　申出期間

　異議の申出期間としては、通知を受けた日の翌日から起算して３か月以内である。

オ　審査について

　弁護士会の綱紀委員会の議決に対しては日弁連の綱紀委員会に、弁護士会の懲戒委員会の議決に対しては日弁連の懲戒委員会にそれぞれ審査が付されることになる。「懲戒処分が不当に軽いと思料するとき」を理由とする異議の申出は必ず日弁連の懲戒委員会の審査となる。「相当の期間内に懲戒の手続を終えないとき」を理由とする異議の申出は、綱紀委員会、懲戒委員会いずれもあり得る。「相当の期間」がどの程度をいうかは一義的に明確ではないが、綱紀委員会の調査、懲戒委員会の審査がいずれも原則的な審理期間を６か月と定め、「事案が複雑なときその他特別の事情があるときは、この限りでない」という例外を設けている（綱紀委員会規程28条、52条、懲戒委員会規程38条、52条、68条）。

　審査の対象は、原弁護士会の決定の当否（相当期間異議を除く）であり、決定の当否の基準時は原弁護士会の決定がなされた時点と解されている。

カ　議決の種類

（ア）綱紀委員会における異議の申出に対する議決

　①「○○弁護士会の懲戒委員会の審査を求めることを相当と認める。」

　②「異議の申出に理由があると認める。○○弁護士会は、速やかに懲戒の手続を進め、対象弁護士等を懲戒し、又は懲戒しない旨の決定をせよ。」（相当期間異議の場合）

③「本件異議申出を却下することを相当と認める。」「本件異議申出を棄却することを相当と認める。」

④「本懲戒手続は、【対象弁護士の死亡／弁護士資格の喪失／異議の申出の取下げ】により終了した。」

（イ）懲戒委員会における異議の申出に対する議決

①「○○弁護士会が令和○年○月○日付けでなした対象弁護士等を懲戒しない旨の決定を取り消す。対象弁護士等を戒告することを相当と認める。」

②「異議の申出に理由があると認める。○○弁護士会は、速やかに懲戒の手続を進め、対象弁護士等を懲戒し、又は懲戒しない旨の決定をせよ。」（相当期間異議の場合）

③「○○弁護士会が令和○年○月○日付けでなした対象弁護士等に対する懲戒処分を次のとおり変更することを相当と認める。対象弁護士等に対し○月間弁護士の業務を停止する。」

④「本件異議申出を却下することを相当と認める。」「本件異議申出を棄却することを相当と認める。」

⑤「本懲戒手続は、【対象弁護士の死亡／弁護士資格の喪失／異議の申出の取下げ】により終了した。」

キ　原弁護士会への差戻しの可否

　日弁連の懲戒委員会は、弁護士会が対象弁護士等を懲戒しない旨の決定をしたこと又は弁護士会がした懲戒の処分が不当に軽いと思料することを理由とする異議の申出に対して、理由があると認めるときは、日弁連が自ら懲戒することになる。したがって、原弁護士会の懲戒委員会に対して差し戻して審査をさせることはない。

ク　弁護士法62条の制限について

　異議の申出がなされると、再び弁護士法62条の制限（登録換え、登録取消しの制限）を受けることになる。原弁護士会の懲戒処分の告知、又は不処分

の通知があった後は弁護士法62条の制限はなくなるものの、その後の異議の申出によって再び制限を受けることになるため、タイムラグが生じる結果となる。

ケ　異議の申出が認められた場合の懲戒処分の効果

異議の申出が認められた場合、原弁護士会の懲戒処分は取り消され、日弁連の処分が効力を持つことになる。

ただし、業務停止処分をより長期とした場合、既に停止された期間は日弁連の業務停止期間に算入される。

コ　日弁連の決定に対する不服申立て

（ア）対象弁護士の不服

異議の申出により対象弁護士が懲戒された、又はより重い処分になった場合、弁護士法60条により日弁連から懲戒されたことになるので、弁護士法61条により東京高等裁判所に対してその取消しの訴えをすることが可能である。審査請求ではないことに注意が必要である。

（イ）異議申出人の不服

日弁連の綱紀委員会の議決によって異議の申出が却下ないし棄却されたときは、異議申出人は綱紀委員会による綱紀審査の申出をすることができる。

日弁連の懲戒委員会の議決によって異議の申出が却下ないし棄却されたときには、裁判所等へ不服申立てをする手段はない。

（3）綱紀審査会による綱紀審査

ア　綱紀審査の申出

綱紀審査の申出は、弁護士会が、その綱紀委員会が懲戒委員会に審査を求めないことを相当する議決に基づき懲戒しない旨の決定に対し、懲戒請求者から異議の申出があり、さらに日弁連がその綱紀委員会の議決に基づき異議の申出を却下又は棄却する決定をしたことに対して、懲戒請求者がなお不服がある場合の不服申立て手段である（弁護士法64条の3）。

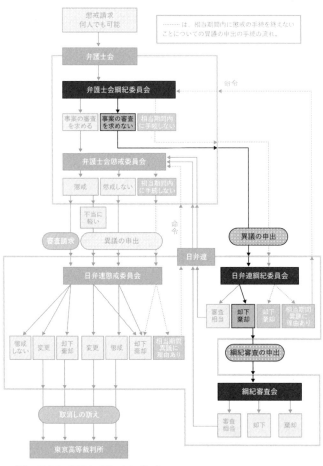

弁護士の懲戒手続の流れ

したがって、弁護士会が懲戒委員会に事案の審査を求めた場合には、その結論がどうであれば綱紀審査の申出はできないことになる。

イ　綱紀審査申出人

　綱紀審査の申出ができる者は、異議の申出を却下又は棄却された者に限られ、それ以外の者はすることができない。異議申出人が死亡した後の相続人や、異議の申出を取り下げた者も綱紀審査の申出をすることはできない。

ウ　取下げの効果

綱紀審査の申出の取下げについては、異議の申出の取下げと同様、審査終了の効果を生ずる。

エ　綱紀審査の申出期間

綱紀審査の申出は、通知を受けた日の翌日から起算して30日以内にしなければならない。

オ　綱紀審査の対象と判断の基準時

綱紀審査の対象は、弁護士会の綱紀委員会の議決の当否であり、基準時は同議決に基づく決定がなされた時点である。

カ　綱紀審査会の審査

綱紀審査会は、綱紀審査に関し必要があるときは、対象弁護士の所属弁護士会の綱紀委員会、又は日弁連の綱紀委員会に必要な調査を嘱託することもできる（弁護士法71条の6第2項）。しかしながら、審査不十分として日弁連や弁護士会の綱紀委員会に差し戻す権限まではない。綱紀審査会の制度が、懲戒請求事由を一から調べ直して判断するというものではなく、弁護士会及び日弁連の綱紀委員会の2度にわたる判断を市民の目から見直すというものであって、あくまでも補充的な調査権限を与えたものにすぎない。

キ　弁護士法62条の制限について

綱紀審査の申出がなされ、綱紀審査会に事案が係属すると、再び弁護士法62条により登録換え、登録取消しをすることが制限されることになる。

ク　議決の種類

綱紀審査会の議決の種類は次のとおりである（綱紀審査規程28条）。

①原弁護士会の懲戒委員会に事案の審査を求めることを相当と認める旨の議決

②綱紀審査の申出が不適法として却下することを相当と認める旨の議決

③原弁護士会の懲戒委員会に事案の審査を求める旨の議決が得られなかった旨の議決

④対象弁護士が死亡したとき、又は弁護士でなくなったときは、審査を終
　了する旨の議決

⑤綱紀審査の申出の取下げがあったことを理由として審査を終了する旨の
　議決（綱紀審査規程29条3項）

ケ　不服申立て

　綱紀審査会の議決に基づく日弁連の決定に対して不服申立ての制度は設け
られていない。したがって、これにより手続が終了する決定をした場合、懲
戒手続は終了する。

（4）審査請求

ア　審査請求の意義

　弁護士法は懲戒に関し、弁護士会を行政庁に準じて考え、その不服申立て
の具体的手続等について行政不服審査法が適用されることとした（日弁連調
査室・条解弁護士法〈第5版〉498頁）。

　弁護士法59条1項は、懲戒を受けた弁護士等の不服申立て手段を審査請求
であると定めている。平成26年の行政不服審査法の改正によって弁護士法59
条2項、3項が新設され、2項が一部適用除外を、3項が日弁連の手続にあ
わせた読替えを定めたものである。

弁護士の懲戒手続の流れ

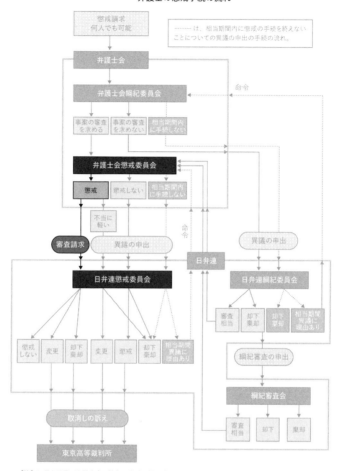

イ　審査請求人

　審査請求人たり得るのは、弁護士会により懲戒処分を受けた弁護士又は弁護士法人である。弁護士の懲戒処分は弁護士としての地位・資格に関する一身専属的なものであり、審査手続の承継はあり得ず、死亡した時点で当然に審査手続は終了するものと解されている。

ウ　審査請求の方式

　審査請求をするには、原弁護士会又は日弁連に対して、審査請求書正本 1 通及び副本 2 通を提出しなければならない（懲戒委員会規程34条 1 項）。弁護士法人の場合は登記事項証明書を添える必要がある。

　必要的記載事項として、

　行政不服審査法19条 2 項各号の事項、つまり

「一　審査請求人の氏名又は名称及び住所又は居所

　二　審査請求に係る処分の内容

　三　審査請求に係る処分（当該処分について再調査の請求についての決定
　　　を経たときは、当該決定）があったことを知った年月日

　四　審査請求の趣旨及び理由

　五　処分庁の教示の有無及びその内容

　六　審査請求の年月日」

及び、審査請求期間の経過後において審査請求する場合は、正当な理由を記載する（同法19条 5 項 3 号）ことに加え、

　所属弁護士会の名称

も記載しなければならない。

エ　審査請求の期間

　審査請求は、処分があったことを知った日の翌日から起算して 3 か月以内に行う必要がある（行政不服審査法18条 1 項）。同期間内であっても、処分があった日の翌日から起算して 1 年を経過すれば原則として審査請求することはできない（同条 2 項）。

　郵送で提出した場合、郵送に要した日数は上記期間に算入しない（同条 3 項）。期間の末日が行政機関の休日に当たるときは、行政機関の休日の翌日が当該期間の末日とみなされる（懲戒委員会規程34条の 2 ）。

オ　実質的審理

　審査請求の実質的審理は日弁連の懲戒委員会で行われる。審査請求により

裁決するには、懲戒委員会の議決に基づかなければならない。

　具体的な審査手続については日弁連の懲戒委員会規程に定められている。同規程によれば、懲戒委員会は、審査に関し必要があるときは職権で関係人を審尋し（39条1項）、書類その他の物件の所持人にその物件の提出を求め（26条）、学識経験のある者に鑑定を嘱託し（27条）、検証することができる（28条）。

　審査は、弁護士会の処分の違法（弁護士会の裁量の逸脱、裁量権の濫用）に限らず、処分の当不当についても及ぶ。

　審査の対象である事実は、審査請求にかかる事実、すなわち弁護士会が懲戒処分をした根拠となった当該弁護士等の非行事実の範囲に限られ、その範囲外のことは審査することはできない。

カ　判断の基準時

　審査請求の対象とされる処分の適否を判断する場合、その基準時は弁護士会の処分時と解されている。

キ　効力停止

　弁護士等の懲戒処分については告知によりその効力を発生するため、審査請求を申し立てただけでは処分の効力は停止しない（行政不服審査法25条1項）。

　そこで、行政不服審査法25条2項は執行停止の申立権を与え、日弁連の懲戒委員会規程は「懲戒処分の効力停止」を規定している（46条）。

　効力停止の申立ては、審査請求が要件になっているため、効力停止の申立てを先行したり、効力停止の申立てを単独で行うことはできない。

　日弁連は、必要があると認めるときは、審査請求人の請求又は職権により、懲戒処分の効力を停止することができる（同条1項）。

　効力停止の申立てに当たっては、効力停止申立書正本1通を日弁連に提出する（同条2項）。

　いったん効力停止を認めたとしても、日弁連は事情の変更によりこの効力

停止の決定を取り消すことができる（同条3項）。また、審査請求、又は効力停止の申立てが取り下げられたときは、効力停止の決定も取り消される（同条4項）。

　効力停止の決定には遡及効はないが、形成的効力を持つ懲戒処分の効力を停止させて、その後は処分がなかったことと同様の効果を与えることになる。

　効力停止は、処分、処分の執行又は手続の続行により生ずる重大な損害を避けるために緊急の必要があると認めるときに限って認められる。ただし、公共の福祉に重大な影響を及ぼすおそれがあるとき、又は審査請求について理由がないとみえるときは、この限りでない（行政不服審査法25条3項）。

　なお、効力停止の判断に関しては、懲戒委員会の議決に基づかず、日弁連が行うことになる。ただし、効力を停止するとき、効力停止の申立てを却下するとき、いったんした効力停止の決定を取り消すときはあらかじめ懲戒委員会の意見を聴かなければならない。

　日弁連の効力停止の決定に対する不服申立ては認められていない。

ク　懲戒委員会の審査請求に対する議決

　懲戒委員会がする審査請求の議決の種類は次のとおりである。

①本件審査請求を却下する。（審査請求が不適法の場合）

②本件は、被審査人の死亡により終了した。（審査請求人が死亡した場合）

③本件審査請求を棄却する。（本案について審査の結果、審査請求に理由がないとして、原弁護士会の処分を是認する場合）

④「○○弁護士会が○年○月○日付けでなした審査請求人に対する懲戒処分を取り消す。審査請求人を懲戒しない」「○○弁護士会が○年○月○日付けでなした審査請求人に対する懲戒処分を次のとおり変更する。審査請求人を（戒告）する」（審査請求に理由があることを認めて、原弁護士会の処分を取り消したり、変更する場合。ただし不利益変更はできない）

ケ 裁決

日弁連は、懲戒委員会の議決に基づき、裁決を行うことになる。

取消し、又は変更がなされた場合、原弁護士会の処分はなくなり、日弁連の処分が適用になる。なおより短期の業務停止になった場合、弁護士会の処分により業務が行えなかった期間は日弁連の業務停止処分における期間に算入される。

審査請求が却下、棄却又は変更された場合、東京高等裁判所に対する取消しの訴え以外に救済の手段はない。

4 日弁連の処分に対する不服申立て

（1）取消訴訟

　審査請求を却下若しくは棄却された場合、又は弁護士法60条の規定によって日弁連から懲戒を受けた者は、東京高等裁判所に対して取消訴訟を提起することができる（弁護士法61条1項）。

　取消しの訴えをするには必ず審査請求をしなければならず、弁護士会の懲戒処分に対する直接の訴えを認めていない（同条2項）。

　審査請求を却下若しくは棄却された場合（処分が変更されたがなお懲戒処分を受けた者も含む）は「裁決取消訴訟」、弁護士法60条の規定によって日弁連から懲戒を受けた者は「処分取消訴訟」を提起することになる。

　懲戒請求者はいかなる訴訟形態であれ、裁判所に対し弁護士の懲戒処分を不服として争うことは許されない。

（2）出訴期間

　取消訴訟は、処分又は裁決があったことを知った日から6か月を経過したときは、提起することができない。ただし、正当な理由があるときは、この限りでない（行政事件訴訟法14条1項）。

（3）執行停止

　取消訴訟の提起をしたのみでは効力停止の効力がないことは審査請求の場合と同様である。ただし、取消訴訟の場合も執行停止（効力停止）の申立てが可能である（行政事件訴訟法25条、29条）。

（4）審理

　処分取消訴訟においては、「弁護士会の裁量権の範囲を超え又は裁量権を

逸脱したかどうか」が審理の対象となる（行政事件訴訟法30条）。したがっ
て、弁護士会又は日弁連の裁量の当不当のレベルの主張では失当となってし
まうおそれがある。

最判平成18年9月14日裁判集民221号87頁〔28111956〕では「弁護士に対
する所属弁護士会及び上告人（以下、両者を含む意味で「弁護士会」とい
う。）による懲戒の制度は、弁護士会の自主性や自律性を重んじ、弁護士会
の弁護士に対する指導監督作用の一環として設けられたものである。また、
懲戒の可否、程度等の判断においては、懲戒事由の内容、被害の有無や程
度、これに対する社会的評価、被処分者に与える影響、弁護士の使命の重要
性、職務の社会性等の諸般の事情を総合的に考慮することが必要である。し
たがって、ある事実関係が『品位を失うべき非行』といった弁護士に対する
懲戒事由に該当するかどうか、また、該当するとした場合に懲戒するか否
か、懲戒するとしてどのような処分を選択するかについては、弁護士会の合
理的な裁量にゆだねられているものと解され、弁護士会の裁量権の行使とし
ての懲戒処分は、全く事実の基礎を欠くか、又は社会通念上著しく妥当性を
欠き、裁量権の範囲を超え又は裁量権を濫用してされたと認められる場合に
限り、違法となるというべきである。」と判示されている。

また、違法判断の基準時は口頭弁論終結時ではなく当該処分の時点とされ
ている。懲戒処分後の示談成立については裁判に際し斟酌されないとする最
高裁判決がある（最判昭和34年12月4日民集13巻12号1599頁〔27002515〕）。

（5）判決

裁判所が、裁量権の範囲を超え又はその濫用があったと認めた場合に限
り、裁判所は、その処分や裁決を取り消す判決をすることになる（行政事件
訴訟法30条）。

裁判所は、違法な処分又は裁決を取り消すことができるにとどまり、一定
の処分を裁判所自ら判決することはできない。日弁連はこの判決に拘束さ

れ、改めて処分又は裁決をすることになる。

5　弁護士に対する懲戒請求等の現状

（1）市民窓口に対する苦情の申立てについて

　「弁護士白書　2022年版」によると、2021年における、弁護士会の市民窓口に対する苦情の申立ての合計は17,874件となっている。苦情申立て件数は2012年段階では年間11,020件であったが、年による多少の上下はあれど上昇を続けており、2021年の件数は過去最大となっている。

　苦情の内容としては「対応・態度」が35.7%と最大であり、「処理の仕方」が25.6%、「処理の遅滞」が13.8%となっている。もっとも、「対応・態度」については事件の相手方やその他の者からの苦情を相当数含んでおり、依頼者からの苦情の件数でいうと、「処理の仕方」が1位となっている。

（2）懲戒請求の申立て及びその後の審査について

　「2022年　懲戒請求事案集計報告」（以下「集計報告」という）及び「弁護士白書　2022年版」によると、2021年における新規の懲戒請求の件数は2,554件である。2020年における新規懲戒請求の件数は2,254件、2017年における新規懲戒請求の件数は2,864件、2015年における新規懲戒請求の件数は2,681件、2014年における新規懲戒請求の件数は2,348件となっていることから、懲戒請求の件数はおおむね横ばい（弁護士の人数が増加していることを考慮すれば減少傾向）であると評価できる。

　なお、2018年、2019年においてはいわゆる大量懲戒請求事件が発生していること、2013年、2016年、2022年においても特定の個人が大量の懲戒請求を行う事案が発生していることから検討からは除外している。

懲戒請求事案処理の内訳（弁護士会）

年	新受	既済									懲戒審査開始件数
		懲戒処分						懲戒しない	終了	
		戒告	業務停止		退会命令	除名	計			
			1年未満	1～2年						
2013	3347	61	26	3	6	2	98	4432	33	177
2014	2348	55	31	6	3	6	101	2060	37	182
2015	2681	59	27	3	5	3	97	2191	54	186
2016	3480	60	43	4	3	4	114	2872	49	191
2017	2864	68	22	9	4	3	106	2347	42	211
2018	12684	45	35	4	1	3	88	3633	21	172
2019	4299	62	25	0	7	1	95	11009	38	208
2020	2254	61	28	7	8	3	107	4931	22	142
2021	2554	63	27	6	6	2	104	2281	38	176
2022	3076	62	27	5	6	2	102	3145	51	196

※日弁連による懲戒処分・決定の取消し・変更は含まれていない。
※新受事案は、各弁護士会宛てになされた懲戒請求事案に弁護士会立件事案を加えた数とし、懲戒しない及び終了事案数等は綱紀・懲戒両委員会における数とした。
※2013年の新受事案が3000件を超えたのは、一人で100件以上の懲戒請求をした事案が5例（5例の合計1701件）あったこと等による。
※2016年の新受事案が3000件を超えたのは、一人で100件以上の懲戒請求をした事案が5例（5例の合計1511件）あったこと等による。
※2018年の新受事案が前年の約4倍となったのは、一人で100件以上の懲戒請求をした事案が4例（4例の合計1777件）あったこと、特定の会員に対する同一内容の懲戒請求が8640件あったこと等による。
※2019年の新受事案が3000件を超えたのは、関連する事案につき複数の会員に対する同種内容の懲戒請求が合計1900件あったこと等による。
※2022年の新受事案が3000件を超えたのは、一人で100件以上の懲戒請求をした事案が4例（4例の合計1097件）あったこと等による。
出典：日本弁護士連合会「2022年　懲戒請求事案集計報告」

ア　綱紀委員会で審査相当とされる件数

　懲戒請求に対し、綱紀委員会において審査相当（懲戒審査相当）とされる件数について、集計報告によると、2022年は196件、2021年は176件、2020年は142件、2019年は208件、2018年は172件、2017年は211件、2016年は191件、2015年は186件、2014年は182件、2013年は177件となっている。

　近年の傾向としては、2020年は142件と少ないものの、おおむね年間170件〜210件程度が審査相当と判断されているようである。

イ　単位会で懲戒処分がなされた件数及び内容

　集計報告によると、実際に単位会で懲戒処分がなされた件数及びその内容については、2022年は戒告が62件、1年未満の業務停止が27件、1年以上の業務停止が5件、退会命令が6件、除名が2件の合計102件となっている。

　懲戒処分の合計件数は、2021年は104件、2020年は107件、2019年は95件、2018年は88件、2017年は106件、2016年は114件、2015年は97件、2014年は101件、2013年は98件となっており、こちらも多少の上下はあるものの、おおむね100件前後で推移している。

　懲戒処分率については必ずしも懲戒の申立てと同一年において処分がなされるのではないことから参考値となるが、2021年における懲戒処分率は約4.07％となっている。2020年の懲戒処分率は約4.7％、2017年の懲戒処分率は約3.7％、2015年の懲戒処分率は約3.6％、2014年の懲戒処分率は約4.3％であり、年による変動が大きいものの、おおむね4％前後で推移している。

　弁護士及び弁護士法人数に対する懲戒処分数の割合については、2021年においては0.23％となっている。こちらもおおむね0.2％〜0.3％の間で推移しており大きな変動はない。

　したがって、近年においては懲戒請求の件数、審査相当とされる事件の件数、懲戒処分が出される件数及び懲戒処分率についてはおおむね横ばいとなっており、懲戒処分の審査基準が厳格化の傾向があること及び弁護士の数が増加していることも考慮すれば、弁護士全体としての業務遂行の適切性は上がっているものと評価できよう。

ウ　懲戒委員会における懲戒処分が出される割合について

　単位会の綱紀委員会において審査相当と判断された事案について実際に懲戒処分となる割合については、こちらも必ずしも懲戒審査開始の年と同一年において懲戒処分がなされるのではないことから参考値となるが、集計報告

によれば2022年は約52％、2021年は約59％、2020年は約75％、2019年は約46％、2018年は約51％、2017年は約50％、2016年は約60％、2015年は約52％、2014年は約55％、2013年は約55％と2019年を除き50％を超えている。

　上記審査相当と判断される数、懲戒処分率及び綱紀委員会で審査相当と判断された場合に懲戒処分となる確率を考慮すれば、懲戒請求に対しては綱紀委員会の審査の時点において質量ともに充実した主張をすることが重要である。

エ　単位会の懲戒委員会で懲戒処分がされた場合

　単位会の懲戒委員会で懲戒処分がされた場合においては、日弁連の懲戒委員会に審査請求を行うことができる。もっとも日弁連懲戒委員会に対する審査請求についても集計報告によれば、2022年は30件の新規申立てに対し22件の棄却、2021年は31件の新規申立てに対し39件の棄却、2020年は41件の新規申立てに対し25件の棄却、2019年は30件の新規申立てに対し23件の棄却、2018年は27件の新規申立てに対し24件の棄却、2017年は39件の新規申立てに対し22件の棄却、2016年は31件の新規申立てに対し26件の棄却、2015年は33件の新規申立てに対し22件の棄却、2014年は27件の新規申立てに対し28件の棄却、2013年は46件の新規申立てに対し30件の棄却となっており、処分の変更が全く認められないわけではないもののその相当数は棄却となることからすれば、かかる点でも単位会の綱紀委員会における対応が重要である。

審査請求事案の内訳（日弁連懲戒委員会）

| 年 | 新受（原処分の内訳別） | | | | | 既　済 | | | | | 未済 |
	戒告	業務停止	退会命令	除名	計	棄却	原処分取消	原処分変更	却下・終了等	計	
2013	29	13	4	0	46	30	3	1	1	35	36
2014	15	11	0	1	27	28	1	4	1	34	29
2015	20	11	1	1	33	22	6	1	4	33	29
2016	15	13	2	1	31	26	1	2	4	33	27
2017	23	15	0	1	39	22	3	2	2	29	37

2018	14	12	1	0	27	24	6	4	3	37	27
2019	15	13	2	0	30	23	3	1	3	30	27
2020	24	14	3	0	41	25	2	4	1	32	36
2021	19	10	2	0	31	39	1	4	2	46	21
2022	18	11	1	0	30	22	3	3	0	28	23

出典：日本弁護士連合会「2022年　懲戒請求事案集計報告」

オ　日弁連綱紀審査会に対する異議申出

　なお、懲戒手続のフローチャート（4頁参照）にもあるように、単位会の綱紀委員会で審査不相当となった事案については、懲戒請求者は日弁連の綱紀委員会に対し異議申出を行うことができ、その件数は前述のとおりである。

　異議申出の結果、日弁連の綱紀委員会において審査相当と判断された件数は、2022年は4件、2021年は8件、2020年は4件、2019年は16件、2018年は5件、2017年は1件、2016年は8件、2015年は6件、2014年は5件、2013年は6件となっている。

カ　日弁連綱紀審査会に対する綱紀審査の申出

　また、日弁連綱紀委員会において異議申出が棄却された場合においては、懲戒請求者は日弁連の綱紀審査会に対して綱紀審査の申出をすることができる。

　綱紀審査の申出の結果、日弁連綱紀審査会において審査相当と判断された件数は、2022年は0件、2021年は2件、2020年は1件、2019年は2件、2018年は3件、2017年は35件（同種事案に関する32件の議決を含む）、2016年は0件、2015年は4件、2014年は2件、2013年は4件となっており、その数は少ないながらも審査相当と判断される事例が存在していることに注意が必要であろう。

　日弁連懲戒委員会において懲戒処分がなされた場合には、弁護士は東京高

等裁判所に対し裁決取消しの訴えを提起することができる。

「弁護士会の裁量権の行使としての懲戒処分は、重要な事実関係について全く事実の基礎を欠くか、又は社会通念上著しく妥当性を欠き、裁量権の範囲を超え又は裁量権を濫用してされたと認められる場合に限り、違法となるというべきである（最高裁平成15年（行ヒ）第68号同18年9月14日第一小法廷判決・裁判集民事221号87頁参照）」（〔28111956〕）という判断基準からして裁決取消しが認容された判決はかなり少ないものの、東京高判平成24年11月29日判時2198号59頁〔28213814〕、東京高判平成14年12月4日平成13年（行ケ）401号裁判所HP〔28081161〕が存在しており、皆無というわけではない。裁決取消しの訴えの際には参考になろう。

（3）紛議調停について

「弁護士白書　2022年版」によると、2021年における紛議調停申立ての件数は726件となっている。紛議調停の件数は多少の波はあるものの、2011年以降は年間640件程度から740件程度と横ばいであり（2019年のみ807件となっている）、全体の件数もそれほど多いものではない。

年間の紛議関係の成立件数もおおむね220件から300件程度で推移しており、不成立及び取下げによって終了する件数も相当程度あるのが現状である。

（4）結語

弁護士に対する懲戒請求の現状について確認をしてきたが、弁護士の数が増加していること及び懲戒処分の審査基準が厳格化している傾向にあることを考慮すれば、懲戒請求の件数及び懲戒処分の件数も増加傾向にあるとはいえず、多くの弁護士は適法かつ適切にその職務に励んでいるものと評価できる。

もっとも、単位会の綱紀委員会において審査相当と判断されてしまった場

合においては、懲戒処分がなされる確率が大幅に上昇することからすれば、懲戒処分に対しては綱紀委員会の時点において質量ともに充実した主張及び反論をすることが必要であろう。

（第1章　1〜4：伊藤　諭、5：北　周士）

第2章 ｜ 対象弁護士の実務

1 懲戒請求されたら

（1）まず一度冷静になる

　ある日突然、弁護士会から簡易書留による封書が届く。弁護士会から書留郵便が届くことは珍しい。悪い予感を抱きながらおそるおそるハサミを入れる。「対象弁護士」として自分の名前が入った「調査開始通知書」だった。

　経験したことのある弁護士にとっては最初に胃が痛くなる瞬間だろう。

　まずは大きく深呼吸してほしい。

　「裁判所から訴状が届いた」といって相談に来た相談者にどう対応するだろう。訴状が届いたからといって、その請求が認められたというわけではないことや、訴状記載の主張について丁寧に認否・反論していき、抗弁があればそれを積極的に主張するなどの対応をアドバイスするのが通常だろう。

　懲戒請求に対しても基本的には同じである。懲戒請求がなされたこと自体におののく必要はない。まずは冷静に落ち着いて対処することが最初の課題である。

　もっとも、弁護士も人間である。他人に対してはこのようにアドバイスできても、自分が当事者の立場になると血の気が引いたり、頭に来たりというような感情になることはある意味当然である。懲戒請求を受けて「初めて当事者の気持ちがわかりました」という弁護士は多い。

（2）懲戒請求されたときの不利益

　弁護士法上、懲戒請求をされただけで弁護士には一定の不利益が生じてしまう。最も困るのが、登録換えを考えていた弁護士に対して懲戒請求がされ

てしまったケースである（弁護士法62条）。登録換えが制限される始点は「懲戒の手続に付された」ときであり、必ずしも懲戒請求の日と一致はしない（数日のタイムラグがある）。弁護士側でコントロールできることではないが、登録換えが間に合うかどうかによって新しい弁護士会での業務を開始できるかどうかが変わってくる。もっとも、登録換えを無事に先行できたとしても、当然ながら登録換え後の新しい弁護士会に対して懲戒請求されることもあり得る。

（3）懲戒請求者、懲戒請求事由を確認

　調査開始通知書が届いたら、まずは懲戒請求者が誰かを確認する必要がある。何人も、弁護士について懲戒の事由があると思料するときは、その事由の説明を添えて、所属弁護士会にこれを懲戒することを求めることができる（弁護士法58条1項）ことから、誰からでも懲戒請求がされることがあり得る。

　懲戒請求者が、依頼者か、相手方か、それとも第三者かで今後の見通しやとるべき姿勢が全く異なってくる。依頼者からの懲戒請求が最も慎重な対応を要するのはいうまでもない。いわゆる「後ろから刺される」状況である。相手方からの請求も多い。業務の性質上、対立関係にある相手方からはどうしても反感を買いやすく、懲戒請求を受けやすい傾向にはある。もっとも依頼者でなく相手方からの懲戒請求であれば安心、ということにはならないので注意が必要である。また、第三者からの請求も目立つようになっている。懲戒請求は誰でもできるという認識が広まってから特に顕著である。報道やSNS、著名事件の代理人など、意見が異なる者からの請求も多くなってきている。

　次に行うべきことは、懲戒請求事由の確認である。特に、一般人が懲戒請求者である場合、つらつらと弁護士に対する不満が書き連ねられているだけであることがあり、どのような事実について懲戒を求めているのかが釈然と

しない場合が少なくない。

　懲戒請求書を吟味し、懲戒請求者が問題としているであろう事実を切り分け、その根拠となるであろう職務基本規程、弁護士法上の根拠を推測することが必要である。

　事案によっては、非常に多岐にわたる懲戒請求事由を羅列されるケースもある。その場合であっても、適切に整理、分類することができるかを検討することで、効果的な弁明が可能になることもあり得る。

（4）有利な結論を導くためのケースセオリー・想定議決文を考える

　懲戒請求事案において、最良の結論は「懲戒しない」（綱紀委員会においては「事案の審査を懲戒委員会に求めない」との議決）である。

　懲戒請求事由からスタートして、この結論を導くプロセスは理論上いくつも考えられるはずであるが、このプロセスを明確に意識して今後の対応を行うべきである。

　普段、弁護士が使っている訴訟戦術が懲戒請求でも生きる。有利な結論を導くためのケースセオリーを立てて、ベストな「想定議決文」を考えることである。

　この道筋は比較的簡単に見つかる場合もあれば、なかなか難しい場合も少なくない。大切なのは、このプロセス策定に当たっては他人（同業者）の目を入れることである。プロセス策定に無理がないかどうか、独りよがりになっていないか、他人に受け入れられるものかどうかをチェックしてもらうことが望ましい。1人で考えていたずらに準備期間を空費するくらいであれば、他人と一緒に議論しながら道筋を探していった方がよい。1人ひとりが単独で考えていても見つからなかったものが、他人と相談することによってひらめく、という経験をした弁護士は少なくないだろう。

　自分に対して忖度なく意見を言ってくれる同業者は心強いものである。

　また、内容によっては事実関係については争いようがないもの、懲戒事由

があるといわざるを得ないものも出てくるであろう。

　そのような場合では、より軽い量定を目指していく、最悪を回避するという方針を適切に立てることも必要かもしれない。無理のある否認、無理のある理論構成によって「反省がない」「独善的な主張」などと評価されてしまうこともあり得る。

（5）有利な議決文を書いてもらうために必要な主張・証拠を用意する

　結論が決まり、道筋もみえたのであれば、その道筋を通すための主張もみえてくるはずであり、その主張を裏付ける証拠を揃えていくことになる。

　弁護士会の綱紀委員会や懲戒委員会において議決書を作成するのは（外部委員もいるものの）通常は弁護士であることが多いと思われる。

　議決書を作成する立場になったと想定すれば、「この部分の証拠が欲しい」「この部分の理屈が飛躍しているので、主張の橋渡しが必要だ」という部分が見えてくる。その部分がまさに補強するべきポイントである。

　普段、主張書面を作成するに当たって、裁判所が一定の結論を導くためにどの点の主張、証拠が足りないと考えるかということを意識するはずである。懲戒請求の対応としてもその点の意識が重要である。

（6）弁護士に相談するべきか、代理人に依頼するべきか

　懲戒請求された事実はできれば誰にも知られたくないものである。友人や身近な人相手であればなおさらである。

　弁護士は他のどの職業の人よりも弁護士の知り合いが多い人種のはずであるが、知り合いのルートを消去すると途端に相談できる人が限られてしまう。まさか弁護士会の相談センターを頼るわけにもいかないだろう。

　そのような考えで、1人で解決しようとしてしまう弁護士が非常に多い。もちろん事実についてもっともよく知るのは本人であるから、自分で十分対

応可能である、と考えるのも間違いではない。

　ただ、逆に最もよく事情を知っているがゆえに、重要な事項に気がつかない、余計な感情が入る、判断を見誤る、などの過ちを犯しがちなこともまた理解いただけるのではないだろうか。

　やはり、一度は誰か別の弁護士に相談し、自分の方針が誤っていないかどうかを確認してもらうことをお勧めする。事案によっては代理人になってもらうことも前向きに検討するべきである。

　また、同じ主張をするにしても、本人が主張するより代理人が主張した方が主張の「とおり」がよいこともある。

（7）懲戒請求の取下げをお願いするべきか、示談するべきか

　懲戒請求をされたとき、悩むポイントの1つが示談をするべきかどうかだと思われる。

　示談によって懲戒請求の取下げに成功したとしても、懲戒手続は進行する。その意味においては示談は無益的ともいえる。

　それでは示談は意味がないか。

　懲戒事由の存否と、事後的な被害の回復や懲戒請求者の処罰意思の解消・軽減である示談の要否とは実は直接的な関係はない。

　しかしながら、示談の成立は懲戒事由が認められた場合の量定や、「懲戒処分をするほどの懲戒事由か」という判断には影響するものと考えている。

　特に、懲戒請求者に財産的な損害が発生している場合、示談ができるかどうかにかかわらず、損害のてん補がされているかどうかが結論に大いに影響する。

　また、不法行為が成立するようなケースでは、慰謝料的解決金を支払うことが損害のてん補と評価されるべき事案も十分考えられるであろう。

　問題は、懲戒請求がされたということのみで、怒りを鎮める目的で示談をするかどうかというケースである。結論からいえば、ケースバイケースであ

るものの、必ずしも判断に影響はないことが多い。懲戒事由の存否の判断が先行するため、そもそも懲戒事由が微妙なケースであればそこに注力するべきである。濫用的（かどうかの判断は慎重に行うべきではあるが）懲戒請求に対して、過剰に下手（したて）に出て示談を求めると、不本意な条項を求められたり、懲戒請求事由を自認させられたりしかねないといった弊害もある。

　懲戒請求の取下げは、手続的には無益的であるという原則を踏まえつつ、それでも示談をすることが有効かどうかを吟味する必要がある。

（8）陰謀論に陥らない

　懲戒請求をされると少なからず動揺するものである。

　直感で「これは言いがかりだ」と判断し、弁明書においてひたすら「言いがかり」とか、誰かの陰謀だと主張する事案がある。弁明書において懲戒請求者の悪質性、反社会性などを強調するケースもある。そのように思う気持ちはわからないでもない。実際にそういうケースもある。

　しかし、具体的な反論を十分にしないで、「懲戒請求者は信用ならない人物だった」とか、「懲戒請求者はこんなことをしてくる人間ではなかった、裏に誰かいる」とかいう主張に終始したとして、判断者は「そうだね、あなたは悪くないね」と同情して評価してくれるであろうか。

　判断者がまず知りたいのは「事実があったのかどうか」である。

　この事実の存否に対して、まずは真摯に答える必要がある。すべてはそこからのスタートになる。

　仮に誰かの陰謀であったとしても、そのことのみで救ってくれることはない。陰謀にかかったとした場合、そこから脱する手段は陰謀の全貌を暴くことではない。

（9）ケンカする相手を間違えない

　手続を進めるに当たって、自らの主張が必ずしも理解されないことはあ

る。しかし、それ自体に憤っていても仕方がない。

　例えば、綱紀委員会において自己の主張が認められず、懲戒委員会に事案の審査を求められる結果になったとする。その場合であっても、懲戒委員会に認めてもらうべきは、正しい事実とその評価であって、綱紀委員会の非ではない。

　なお、手続上の問題があればそこは堂々と指摘するべきである。もちろん指摘するべきは手続上の問題であって、判断権者の人格や思想ではない。

　ただし、手続上の問題の指摘だけに終始して、実体的な反論が疎かになることは避けなければならない。綱紀委員会や懲戒委員会から手続的な主張に対する指摘や反論は期待できない。

(10)　相場を見誤らない

　最近の「自由と正義」の公告欄をみていると、以前は許されたであろう行為、問題になっていなかったであろう行為が懲戒になっている事案に接するようになった。

　量定相場は日々変化している。それも徐々に重くなっていると考えた方がよい。

　相談したベテランの先生から「大丈夫。それくらい普通だから」というアドバイスを聞くことがあるが、それは単なる生存者バイアスかもしれない（そうでなければ単なる慰めかもしれない）。その人が大丈夫だった（大きな問題にならずにやってこられた）ことは、同じことをしても問題がない、ということを意味しない。むしろ、ベテランの先生がこれまでどおりにやってきたことによって、不本意な処分を受けているケースも散見される。

COLUMN

「弁護士職務基本規程」

　「弁護士職務基本規定」と記載してしまう例が多くみられる。「規定」

とは、法規範の条文の個別の定め、「規程」とは集合体としての法規範とされている。

「綱紀委員会の調査」「懲戒委員会の審査」

　弁護士綱紀委員会が行うのは「調査」、懲戒委員会が行うのは「審査」である。

　弁護士法58条3項は、「綱紀委員会は、前項の調査により対象弁護士等……につき懲戒委員会に事案の審査を求めることを相当と認めるときは、その旨の議決をする。この場合において、弁護士会は、当該議決に基づき、懲戒委員会に事案の審査を求めなければならない。」と定めている。要するに、綱紀委員会は、懲戒委員会が審査するに足る事案かどうかを「調査」して、懲戒委員会の審査対象をふるいにかける「あらごなし」をする機関なのである。

2 綱紀委員会に対する対応

（1）懲戒請求事由を整理する

　懲戒請求は何人にも許されている行為である（弁護士法58条1項）。その結果、特に一般の方が作成した懲戒請求書は、事実と評価がないまぜになっていたり、法的に整理されているとは限らず、何を理由に懲戒を求めているのかが不明なものが少なくない。

　綱紀委員会は調査を求められた懲戒請求事由についてすべて調査しなければならない義務を負う反面、調査を求められていない事項については調査をすることはできない。ここでいう「事項」の範囲については社会的事実を同一にするかどうかが判断の基準とされている。

　対象弁護士の立場としては、（懲戒請求者や綱紀委員会に懲戒請求事由をすり合わせるなどの確認を経ることなく）調査開始の通知とともに弁明を求められるわけであるから、調査を求められている事項が何なのかをある程度推測して整理して弁明する必要がある。

　理論上、調査の対象としては、懲戒請求された事案と「社会的事実が同一」の範囲に及ぶことになるので、その範囲は実はかなり広い。（適正手続の観点で問題があると思われるが、）綱紀委員会が直接調査しなかった事項であっても、社会的事実が同一であれば懲戒委員会において審査がなされてしまう（東京高判令和4年4月14日判時2542号56頁〔28311166〕）。

　通常、事実関係をよく知っているのは懲戒請求者と対象弁護士であるから、事情を知らない綱紀委員会に対して、対象弁護士において事実関係の整理について懲戒請求書に書かれていない事項も含めて全体として整理し、先回りしてリードをしていくことができれば、実態に沿った判断をしてもらえる可能性が高まる。

　なお、綱紀委員会が懲戒請求者に確認したうえで、対象弁護士と異なる整

理をする場合もあり得る。綱紀委員会の整理と異なる理解のまま調査を進められると、まさに不意打ちの認定をされる可能性もあり得る。対象弁護士としては、綱紀委員会に対して、仮に異なる整理をされるのであればその旨を指摘してもらえるよう弁明書で申し出ておくことも一考である。

　さらに懲戒委員会における事案の審査は、綱紀委員会の議決「主文」において懲戒委員会の審査相当とされた部分全部に及ぶ（上記令和4年東京高判）。懲戒委員会においては、綱紀委員会と全く異なる整理がなされる可能性もあり、それに気付かず手続を進めると不意打ちの認定をされてしまう危険もある。十分に注意をして進めていく必要がある。

（2）職務基本規程を熟読する

　皆さんは普段から職務基本規程を読んでいるだろうか。漠然と「利益相反に注意」くらいの意識ではいないだろうか。職務基本規程はせいぜい82条からなるものにすぎず、憲法よりも短い。また、それぞれの条文には要件があり、要件ごとの解釈がある。それを意識して弁明するようにしたい。

　そのためには、まず弁護士であれば全員持っているはずの（かつ、誰も読んでいないであろう）『解説弁護士職務基本規程』を引っ張り出してきて欲しい。これを参照して、各条文の要件を検討していく。要件を1つひとつ細かく検証していくと、意外な糸口が見つかることもある。特に、職務基本規程82条の存在は忘れがちである。職務基本規程は、弁護士を懲戒するために存在していると思われがちであるが、（少なくとも条文上は）非常に大切なことをいっており、弁護士自治がこうした解釈によって守られているのである。

（解釈適用指針）

　第82条　この規程は、弁護士の職務の多様性と個別性にかんがみ、その
　　　自由と独立を不当に侵すことのないよう、実質的に解釈し適用しなけ

ればならない。第5条の解釈適用に当たって、刑事弁護においては、被疑者及び被告人の防御権並びに弁護人の弁護権を侵害することのないように留意しなければならない。

2　第1章並びに第20条から第22条まで、第26条、第33条、第37条第2項、第46条から第48条まで、第50条、第55条、第59条、第61条、第68条、第70条、第73条及び第74条の規定は、弁護士の職務の行動指針又は努力目標を定めたものとして解釈し適用しなければならない。

（3）会則、単位会の規則（綱紀委員会規則等）を熟読する

職務基本規程と同様、各単位会や日弁連の会則や規則について熟読しておくことも必要である。

綱紀委員会規則（名称は様々である）や懲戒委員会規則には、意外と見落としがちな各種手続保障のための規定があり、これらを活用しない手はない。

注意するべき規定として、

・代理人の欠格事由に関する規定（会長、副会長、懲戒委員会委員、綱紀委員会委員など）

・調査期日における調査をした後でなければ懲戒することを相当と認める旨の議決をすることができない規定

・調査期日の公開の請求に関する規定

・対象弁護士に対する審尋を求めることができる規定

・関係人の審尋を求めることができる規定

・関係人に対する質問権

・弁護士である関係人の審尋に応じる義務

・検証の請求権

・関係人や官公署に対する資料提出請求権

　　・鑑定の請求権

　　・調査記録の閲覧及び謄写の権利

などがある。

　特に、調査記録の閲覧及び謄写は非常に重要である（後記（７）を参照）。

（４）方針を立てる

　ルールの確認が終わったところで、まず大まかな方針を決める。

　先述したとおり、事案に即した最良の結論を導くためのストーリーを構築する必要がある。

　まず、そもそも法律的に無理のないストーリーか、ストーリーの説明（懲戒事由の不存在）について欠けているピースがないか、証拠と矛盾しないか、ストーリーと事実を架橋するためにどのような証拠が必要か、各種請求権の行使が検討できないか、などを考えることになる。

（５）過去の懲戒事例を確認する

　過去の懲戒事例については、「自由と正義」のバックナンバーなどにより可能な限り確認しておきたい。同種の懲戒事案があるのであれば、本件とどこが異なるのか、許容されるべき事由があるか、などを確認する必要がある。飯島純子『新訂　懲戒事例が教える　弁護士心得帖』第一法規（2023年）も大いに参考になる。日弁連が発行している「弁護士懲戒事件議決例集」は、単位会の判断と日弁連の綱紀委員会、懲戒委員会で結論が異なったケースがまとめてある。懲戒相当かどうか微妙な事案の収集としては有用であろう。

　ただし、懲戒に至らなかった事例については外部に公表されないため、確認に限界がある。懲戒事案が見つからなかったとしても、それが直ちに懲戒不相当であるとはいえない点には注意が必要である。懲戒事例はもともと個別性が極めて強いものであることや、懲戒相当の判断基準、量定相場も刻々

と変化していることを踏まえなければならない。

（6）調査期日対応

　事案によって、綱紀委員会から対象弁護士に対して調査期日の指定がされることがある。

　綱紀委員会が懲戒委員会に事案の審査を求めることを相当とする議決をするには、対象弁護士の調査期日を経なければならないとされていることから、調査期日の指定がなされただけで、綱紀委員会が懲戒相当と考えているのかと絶望する方もいるかもしれない。

　結論からいえば、それのみでは綱紀委員会の心証を推認するのは尚早であり、絶望する必要まではない。綱紀委員会は、必ずしも懲戒をしたいと思っているわけではない。「懲戒不相当」の意見を書くために少し深掘りして話を聞きたいとか、対象弁護士側の事情を確認したい、といったことで調査期日を設けることはよくある。

　また、過度に萎縮して、認める必要のない点まで自己の非を認め、委員に迎合してしまう例もある。

　弁護士会の規模によっては、よく知っている（時には大先輩の）弁護士が難しい顔をして対応するため、慣れていないと（慣れるのも困りものだが）気後れをしてしまうのは理解できる。

　調査期日に呼び出された場合でも、臆することなく堂々と、認識している事実関係を自らの視点で説明することが肝要である。

（7）「丙号証」の閲覧謄写を忘れない

　綱紀委員会は懲戒請求者や対象弁護士からのみならず、職権で証拠を収集している。議決書において（懲戒請求者提出証拠を「甲」、対象弁護士提出証拠を「乙」とすることに対し）丙号証として記載される証拠である（なお、懲戒委員会が職権で収集した証拠は丁号証と呼ばれることが多い）。

　懲戒請求者から提出された証拠については、弁護士会から対象弁護士に送付されてくるが、綱紀委員会が自ら収集した証拠については、当然には送られてこない。それどころか、綱紀委員会が証拠を収集した事実自体も認識するのは困難なことが多い。

　綱紀委員会が収集する証拠としては、

- ・懲戒請求者他関係人等に対する照会書及びこれに対する回答書
- ・懲戒請求者他関係人等に対する調査期日調書
- ・対象弁護士に対する照会書及びこれに対する回答書
- ・対象弁護士に対する調査期日調書
- ・官公署等に対する照会とその結果

などが考えられる。

　これらについては、しかるべきときに謄写の請求をしておく必要がある。

　対象弁護士出席の期日についても、自らがどのような発言をしたのか、それがどのように記録されているのかを確認しておくことは極めて重要である（訂正申立てを要する可能性もある）。

　懲戒請求者に対する調査期日調書から、懲戒請求者がどのような点を問題と考えているのか、綱紀委員会が本件をどのように整理したのか、綱紀委員会の関心はどこにあるのかがわかることがある。

（8）議決書のサンプル（弁明書を作成するために）

　弁明書を作成するに当たって、綱紀委員会の議決書がどのような構成になっているのかのイメージをしておくことが肝要である。そこで、弁明書作成のイメージを逆算するため、一般的な議決書のサンプルを掲載しておく。なお、いうまでもないがここで掲載する議決書の構成はあくまでも一般論であるため、事案によって異なる構成がとられることも多い。弁明書作成のイメージとしてとらえていただく趣旨である。

2023年（綱）第○号

議　決　書

住所

懲戒請求者　氏名

事務所住所

○○弁護士会所属弁護士

対象弁護士　　△△　◇◇

（登録番号　０００００）

主文（次のいずれか）

　本件につき、懲戒委員会に事案の審査を求めることを相当と認める。

　本件につき、懲戒委員会に事案の審査を求めないことを相当とする。

　本件懲戒手続は、【対象弁護士の死亡／弁護士資格の喪失／弁護士の身分の喪失】により終了した。

理由

第1　事案の概要

第2　前提となる事実

第3　懲戒請求事由の要旨

　　1

　　2

　　3

第4　対象弁護士の弁明の要旨

　　1

　　2

　　3

第5　証拠

　別紙証拠目録記載のとおり

第6　当委員会の認定した事実及び判断
　1　懲戒請求事由1について
　(1)　（事実の認定）
　(2)　（判断）

　2　懲戒請求事由2について

　3　懲戒請求事由3について

第7　結論
　以上のとおり、懲戒請求事由2について、弁護士職務基本規程○条に違反し、弁護士法56条1項に定める弁護士の品位を失うべき非行があると認められる。よって、主文のとおり議決する。

令和○年○月○日

　　　　　　　　　　　　　　○○弁護士会綱紀委員会
　　　　　　　　　　　　　委員長　　××　□□　　印

　　　　　　　　　　　　（別紙）証拠目録
甲第1号証
甲第2号証

乙第1号証
乙第2号証

丙第1号証
丙第2号証

（9）弁明書の作成（議決書が書きやすくなるような素材を提供する）

2023年（綱）第○号
対象弁護士　△△　◇◇

弁　明　書

令和　　年　　月　　日

○○弁護士会　綱紀委員会　御中

対象弁護士　△△　◇◇

第1　弁明の趣旨
　　対象弁護士につき、懲戒委員会に事案の審査を求めないことを相当とするとの議決を求める。

第2　弁明の理由
　1　懲戒請求事由の要旨
　⑴　懲戒請求事由1について
　⑵　懲戒請求事由2について

　2　対象弁護士の弁明
　⑴　懲戒請求事由1について
　⑵　懲戒請求事由2について

第3　結論
　　以上のとおり、本件懲戒請求事由については、いずれも○○に該当せず、懲戒委員会に事案の審査を求めないことが相当である。

以上

　綱紀委員会は、前項で説明した議決書を作成することが目的となる。民事訴訟と異なり、懲戒手続は和解や取下げによって終了しないため、どのような場合であっても何らかの議決書を作成する必要がある。したがって、対象

弁護士の立場としては、こちらにとって有利な議決書を作成してもらうアシストをする弁明書を作成したい。

ア　弁明の趣旨（「主文」に対応）

民事訴訟の答弁書でいう、請求の趣旨に対する答弁に相当する部分である。

ここでは端的に

「本件につき、懲戒委員会に事案の審査を求めないことを相当とする

との議決を求める。」

と記載する。「棄却」や「却下」を求める、という弁明の趣旨も散見されるが、そのような主文は存在しないので、正確とは言い難い。

イ　弁明の理由（「理由」に対応）

議決書の構成を意識して、それに対応する構成にしたい。

（ア）「前提となる事実」

こちらの考える背景事情や前提となる事情を説明したい。また、懲戒請求をされた背景なども、できるだけ主観を排して説明したい。懲戒請求書しか見ていない綱紀委員会に「ああ、なるほど、そういう事案なのか」と理解してもらえれば成功である。

・事実関係の認否について

懲戒請求書の記載について逐語的な認否をするべきかという問題がある。記載内容によっては認否が難しい場合もあるが、反論の漏れをなくす意味では認否をしておくに越したことはない。

（イ）「懲戒請求事由の要旨」

懲戒請求書に記載されている懲戒請求事由は、複数の事由にまたがった問題点が渾然一体となっていたり、全く整理がされていないものであったり、単なる感想や主観しか書かれていないものが少なくない。

そこで、対象弁護士において懲戒請求書の記載を読み解き、対象弁護士が考える懲戒請求事由の要約を試みたい。注意したいのは、我田引水にならな

いことである。対象弁護士にとって都合のよい解釈や結論ありきの要約では
かえって不信感しかまねかない。

　客観的に「なるほど、懲戒請求者は対象弁護士のこのような行為について
懲戒を求めているのか」と理解してもらえるような内容でなければならな
い。また、明らかに懲戒請求書上、懲戒請求事由として主張していると認め
られるにもかかわらず、一部の内容を無視してしまうことも論外である。そ
の部分について弁明がないものと扱われてもやむを得ない。

　さらに、それらの懲戒請求事由について、職務基本規程上どの条文の問題
に当たり得るのか、という適用条文の設定もここでしておきたい。

（ウ）「対象弁護士の弁明」

　前記の「懲戒請求事由の要旨」に対応した対象弁護士の弁明を１つひとつ
丁寧に主張していくパートである。弁明書のメインパートといってもよい。

・**懲戒請求事由について**

　・事実関係について認否をする。そもそも事実関係が異なっているのであ
　　ればその時点で切ることができる。

　・抗弁事由について主張する。事実関係に争いがなかったとしても、それ
　　と両立する抗弁事由が存在するのであれば主張する。

　・法解釈、職務基本規程の解釈について、懲戒事由に当たらないという反
　　論ができるのであれば、その点においても主張しておく。

・**情状について**

　有利な情状についてもここで記載しておく必要がある。弁護士法56条１項
の懲戒事由は、「懲戒に値する」弁護士法や会則の違反であり、弁護士法の
秩序信用の毀損であり、品位を失うべき非行であるから、綱紀委員会は、行
為の態様、結果（被害）の大小、社会的影響の有無、大小等も当然調査する
（高中正彦『弁護士法概説〈第５版〉』三省堂（2020年）269頁）。また、調査
命令発動後の事情（懲戒請求の取下げ、示談の成立、被害の回復等）も調査
の対象であることから、このような事情があれば弁明書で必ず指摘しておき

たい。

・除斥期間の経過

　意外と見落としがちなのが、3年の除斥期間（弁護士法63条）の問題である。問題になり得るのが、除斥期間の始期である。横領のように違法状態が継続している場合には、その金員が返還されるなど違法状態が終了した時点が始期とされている（東京高判平成13年11月28日判時1775号31頁〔28070832〕）。また、複数の非行事実が連続して存在する場合には、行為ごとに除斥期間が進行するとみるのか、あるいは連続した一連の行為として包括的な1つの行為とみなし、これら複数の行為全部の終了時点をもって除斥期間の始期とみるべきかは、具体的事案によって判断することとなる（日弁連調査室・条解弁護士法〈第5版〉531頁）。

　こうした考え方に基づいて、懲戒請求事由の全部、ないし一部が3年の除斥期間が経過していると解釈できるのであればその旨の主張をしておきたい。

3 懲戒委員会に対する対応

（1）綱紀委員会の議決書を熟読する

　残念ながら綱紀委員会において「懲戒委員会に事案の審査を求めることを相当とする」議決がなされてしまった。しかし、ここで諦めるわけにはいかない。綱紀委員会はあくまでも「あらごなし」の機関である。懲戒が相当かどうかは懲戒委員会の判断にかかっている。

　まずやるべきことは、当然、議決書を熟読することである。

　チェックポイントはおおむね次のとおりである。

・議決主文

　「懲戒委員会に事案の審査を求めることを相当とする」一本か、「懲戒請求事由1について懲戒委員会に事案の審査を求めることを相当とする」「懲戒請求事由2について懲戒委員会に事案の審査を求めないことを相当とする」など、懲戒請求事由ごとに分けた判断がなされているか

・前提事実

　・誤りがないか

　・漏れがないか

　・懲戒請求にかかる事実関係以外のものが含まれていないか

・懲戒請求事由の要旨

　・懲戒請求書の要約として適切か

　・懲戒請求書の記載と符合しているか

　・こちらの考えていた整理と符合しているか

・対象弁護士の弁明の要旨

　・弁明の要約として適切か

　・漏れはないか

　・懲戒請求事由に適切に符合しているか

・こちらの考えていた整理と符合しているか

・「当委員会の認定した事実及び判断」

　・事実認定として適切か

　・証拠に基づいた認定になっているか

　・問題になっている規範（弁護士法、職務基本規程等）は適切か

・事実から判断に至る経験則、論理則は適切か

　・反対事実も踏まえられているか

　・不意打ちの認定になっていないか

・証拠

　・網羅されているか

　・見覚えのない証拠はないか

　・信用性に問題のある証拠はないか

・手続面

　・規則に従った議決がなされているか

（2）　懲戒委員会の審査の対象を確認する

　弁護士会は、綱紀委員会の懲戒委員会に事案の審査を求めることが相当とする議決があったときには、これに拘束され、懲戒委員会にその審査を求めなければならないとされている（弁護士法58条3項）。

　懲戒委員会の審査の及ぶ範囲は、綱紀委員会の調査と同様、懲戒請求事実に限られる。請求事実以外の非行事実についてはこれを理由に懲戒処分相当の議決をすることはもちろん、審査すること自体も許されない。綱紀委員会において複数の懲戒請求事実のうち一部についてのみ懲戒委員会に事案の審査を求めることを相当と認める旨の議決がなされている場合は、審査の及ぶ範囲は、当該議決がなされた事実の範囲に限られることになる（日弁連調査室・懲戒手続研究と実務〈第3版〉180頁）。

　ここで注意しなければならないのは、「懲戒請求事実」の範囲がどこまで

及ぶかという問題である。

　先にも述べたとおり、懲戒委員会の審査の対象は、綱紀委員会で懲戒委員会に事案の審査を求めることが相当とされた事実と「社会的事実が同一」の範囲に及ぶことになるので、その範囲は実はかなり広い。（適正手続の観点で問題があると思われるが、）綱紀委員会が直接調査しなかった事項であっても、社会的事実が同一であれば懲戒委員会において審査がなされてしまうことになる。また、同一事実内であれば、懲戒委員会が綱紀委員会と異なる判断をすることもあり得る。

　「綱紀議決における日弁連の取扱い基準」においては、「別件（明らかに同一性を欠くと認められる複数事実）の場合は、綱紀議決において、主文の中で各事実ごとに、審査の相当・不相当に分けて明示する」とされている。この基準から、「懲戒委員会に事案の審査を求めることを相当とする」という主文一本の場合、たとえ議決書理由中に一部の事実について懲戒不相当又は非行なしとの判断が記載されていても、各懲戒請求事由が「別件」と判断されていないことになり、事案全体が懲戒委員会の審査に付されることに注意が必要である。すなわち、綱紀委員会において「懲戒不相当又は非行なし」と判断された事由についても、懲戒委員会では異なる判断になる可能性があることを視野に入れて、念を入れた弁明書を作成する必要がある。事案によっては、「懲戒不相当又は非行なし」と判断された事由についても、その判断を維持させるため、綱紀委員会での主張やそれに対する綱紀委員会の判断の正当性を改めて主張するとともに、新たな主張や証拠があればさらに提出することも検討に値する。

（3）弁明書の書き方について

2023年（懲）第○号
対象弁護士　○○　○○

弁 明 書

令和　年　月　日

△△弁護士会　懲戒委員会　御中

対象弁護士　○○　○○

第1　弁明の趣旨
　　対象弁護士につき、懲戒しないことを相当とする、との議決を求める。

第2　弁明の理由
　1　綱紀委員会の議決の内容
　　　綱紀委員会は、次のとおり認定し、懲戒委員会に事案の審査を求めることを相当とする旨の議決を行った。
　　⑴　懲戒請求事由1について

　　⑵　懲戒請求事由2について

　2　綱紀委員会における事実認定の誤り
　　　しかしながら、次に述べるとおり、綱紀委員会における事実認定には誤りがある。
　　⑴　懲戒請求事由1について

　　⑵　懲戒請求事由2について

　3　背景事情について
　　　対象弁護士が、本件各行為に至った事情は次のとおりである。
　　⑴

```
    (2)

    (3)　小括

  第3　結論
    以上のとおり、本件について、対象弁護士が各行為に及んだことには相
    応の事情があり、弁護士の品位を失うべき非行に該当しない。
                                                              以上
```

基本的には綱紀委員会における弁明書と大きく異なることはない。

ただ、懲戒委員会における弁明書特有の問題もあるため、解説する。

ア　どの範囲で弁明を行うか

懲戒委員会の審査の対象を確認したうえで、どの範囲で弁明書を作成していくことがよいかは非常に悩ましい。

形式上、複数の懲戒請求事由が存在するケースで、その一部のみが審査相当となったにすぎない場合であっても、主文が一本の場合、念のため懲戒請求事由全体に対して主張を重ねるべきである。綱紀委員会の議決が主文一本だとしても、果たしてそれが社会的事実の同一性を意識してなされたものかどうかも十分に考慮する必要がある。懲戒委員会の審査の対象が明確化されないと防御の対象が明確にならず、対象弁護士にとって不意打ち的な認定をされかねない。

対象弁護士として審査の対象と考えている範囲を明示したうえで、審査期日などにおいて委員会がこれと異なる審査対象を考えているようであれば、それを察知したうえで追加弁明などを検討するなどの対応が考えられる。

イ　事実の存否・評価について

ここが弁明のキモになると考えられる。

綱紀委員会が認定した事実関係について不服があれば、丁寧に証拠を引用して反論していく。懲戒委員会においては、綱紀委員会の事実認定に拘束されるわけではないので、他に不安な点があれば広く反論していく必要があ

る。

　また、その事実関係の評価、推論に問題があれば、その点も指摘していきたい。

　控訴理由書をイメージしていただければ対応がしやすいのではないだろうか。

ウ　情状について

　懲戒委員会では、懲戒対象行為の態様、結果の大小、対象弁護士の反省の有無、懲戒請求の取下げ、懲戒請求者との示談成立等の情状も、弁護士法57条の４種類の懲戒処分のどれを選択するか、また業務停止処分を選択する場合の停止期間をどの程度とするかの判断をするに際して考慮されるものであるから、審査事項となる（高中正彦『弁護士法概説〈第５版〉』三省堂（2020年）278頁）。なお、同書278頁においては、「懲戒事由に当たる事実があると認めたときは、いかに有利な情状があっても、刑法上の執行猶予に倣った取扱いとして、懲戒しない旨の議決をすることはできない。」と記載されており、形式的にせよ職務基本規程に違反する行為が認定されてしまった場合には、情状は懲戒処分の種類の選択及び業務停止期間の軽重の判断のための事情にすぎないとも読める。

　しかしながら、近時、日弁連が、客観的な職務基本規程違反（委任契約書不作成）を認めておきながら、懲戒処分後に訴訟上の和解をして着手金を超える金額を支払っていることや、現在では委任契約書を全件作成しているといった事後の（懲戒処分後の）情状を考慮して弁護士会のした懲戒処分（戒告）を取り消して、懲戒しない旨の決定をしている事案（「自由と正義」74巻２号（2023年））など、情状が懲戒処分自体の存否を決定する要素に使われているケースがみられる。

　したがって、情状に関する事情は積極的に主張していくべきである。

　情状は、懲戒委員会の議決時までのものが含まれるので、仮に綱紀委員会議決後であっても、示談や被害弁償、謝罪など、できることはすべて行って

おくべきである。

エ　除斥期間について

除斥期間についても、主張するべき点があれば主張しておきたい。特に問題になるのは除斥期間の始期である。

（4）審査期日の立会い、公開・非公開について

審査期日における出頭権及び陳述権は対象弁護士の権利である（弁護士法67条2項）と同時に、その権利を行使しないと不利益になりかねないという意味においては義務でもある。

審査期日の開催は任意的であるものの、懲戒をするには審査期日を開かなければいけないことから、綱紀委員会において審査相当の議決になった事案についてはほぼ全件審査期日が開催されているものと考えられる。

審査期日は原則非公開であるが、対象弁護士が審査の公開を求めることができる規定を設けている弁護士会が多い。傍聴人を入れた公開の審査によって審査をしてもらった方が得られる利益が大きいと考えられれば公開を求めていく選択肢もあり得る。

（5）万が一の懲戒に備える

懲戒処分の通知は、多くの弁護士会の場合、送達をもって行うとされているが、言渡しをするとの規定がある弁護士会もある。

戒告の場合、書留郵便で対象弁護士に送達されることが多い（代理人が就いていたとしても、対象弁護士本人にも送られることが望ましいとされている）。業務停止以上の場合、業務停止期間の始期を明らかにするとともに「被懲戒弁護士の業務停止期間中における業務規制等について弁護士会及び日本弁護士連合会のとるべき措置に関する基準」に従った業務停止中の注意事項や弁護士バッジ、身分証明書の返納などのために言渡期日が設けられることが多いと考えられる。

　弁護士会から言渡期日が指定された場合、業務停止以上の懲戒処分がなされる可能性があり、告知後即時にその効果が生じることになるため、あらかじめ備えておいた方がよいかもしれない。

4 日弁連に対する審査請求

（1）審査請求をするべきかどうか

　残念ながら、弁護士会によって懲戒処分がされてしまった。この時点で、懲戒処分は即時に発効し、懲戒処分に伴う各種の効果（業務停止以上の場合は弁護士業務をすることができなくなる。戒告であっても諸名簿の取消しなど事実上の不利益が生じる）が発生してしまう。この時点で、懲戒処分の公告がなされることも確定する。

　懲戒処分を争うには、日弁連に対して審査請求をするしか手段がない。そこでまず検討すべきはそもそも審査請求をするべきかどうかである。判断材料としては、処分自体に納得しているかどうかに尽きるであろう。

　事実認定に争いがなく、客観的には戒告は避けられないが業務停止以上は避けたい事案で戒告処分がなされたときなどは、審査請求に踏み切るには躊躇を覚えるかもしれない。また、審査請求の結果についていずれの結論であっても再び公告されることになるため、可能性の少ない審査請求をすると、「自由と正義」に2度載ってしまい、同業者の記憶を喚起してしまう事実上の効果もないわけではない。

　他方、少しでも処分変更の可能性を信じることができるのであれば積極的に審査請求を行っていくべきである。処分から3か月の間に審査請求を行わなければ、もうそれ以上争う手段がなくなってしまう。懲戒処分がなされた後で気持ちを入れ直して審査請求を行うのは精神的に非常に負荷の高い決断ではあるが、悔いの残らないようにしたい。

（2）効力停止の申立てをするか（業務停止以上の場合）

　業務停止以上の懲戒処分がなされた場合、審査請求をするとしても、効力停止の申立てをするかどうかも慎重な検討を要する。業務停止中は文字どお

り業務が禁止される反面、会費等の納入義務は存続する。売上げだけが止まって経費がかかり続けることになるので、事業者として致命的になりかねない。そんな中で少しでも売上げを上げるべく効力停止が認められないだろうかと考えるのは、ある意味当然であろう。

　一方で効力停止には大きなリスクがあることは頭に入れておきたい。それは、事実上業務停止が分割して2度発生してしまうことと同じ状態になりかねないというものである。業務停止3か月という処分に対して審査請求を申し立て、同時に効力停止の申立てをした結果、業務停止発効から2か月目で効力停止が認められたとする。その時点で業務停止の懲戒処分の効力が停止され、業務停止がなかったことと同じ状態になるため、業務の再開が可能になる。問題はその後である。そのまま審査請求が認められ、「懲戒しない」ないしは「戒告」「2か月以下への業務停止」へと、より軽い懲戒処分に変更されたときには、その裁決時点で処分の効力が終了することになるため、業務を継続することができる。しかしながら、残念ながら処分が変更されなかった場合、裁決後に残りの1か月の業務停止が再開されることになる。その時点で受任していた事件も再び辞任するなど、業務停止当初と同様の措置を講ずる必要が生じるわけである。これはあたかも業務停止処分を分割して受けるのと同様の効果といえる。比較的短期の業務停止処分であれば、効力停止の決定が出た段階で業務停止の残期間があまりないということも十分に考えられる。

　業務停止の懲戒処分が出たからといって、常に効力停止の申立てをすることが正解とも言い難いことは念頭に置いておきたい。

（3）審査請求において主張するべきこと

　日弁連の審査請求における審査の対象は処分の違法のみならず、当不当にも及ぶ。したがって、考えられる不当な点があればもれなく指摘しておきたい。

事実認定、その評価や経験則はもちろん、職務基本規程の解釈や、手続上の違法性についてもよく検討する必要がある。

　もっとも、ここでも判断権者である懲戒委員の目からみて、「これは弁護士会の処分が不当だ」と翻意してもらえるような書面に仕上げていかなければならない。細かい枝葉末節の正誤にこだわるというよりも、より大きな視点で委員を説得するよう心がけたい。

（4）量定の不均衡

　現実に弁護士会からなされてしまった懲戒処分に対しては、その争い方として、同種事案との比較において量定が不均衡であるという視点も重要である。同種の懲戒処分がどの程度の量定で処分されているかどうかを検索する必要があるが、飯島純子『新訂　懲戒事例が教える　弁護士心得帖』第一法規（2023年）が事案と量定の検索において便利である。ここで当たりを付けて「自由と正義」のバックナンバーに当たるとなおよい。

　また、日弁連の懲戒委員会、綱紀委員会の議決については、日弁連から毎年発行される「弁護士懲戒事件議決集」が有用である。匿名化された議決書がそのまま掲載されており、第三者が議決全文に当たることができる手段として極めて貴重である。

（5）処分後の情状であっても意味がある

　懲戒処分がなされた後であっても示談等の情状をつくることに意味があるのか、と疑問に思われるかもしれない。

　確かに審査請求において処分の適否を判断する基準時は、弁護士会の処分時と考えられている。しかしながら、過去の裁決例において、弁護士会の処分後の事情を考慮して処分が変更された例は少なくない（例えば「自由と正義」74巻2号（2023年2月号）には、処分取消しの裁決の公告が2件掲載されているが、いずれも処分後の事情を考慮して審査請求人に有利に評価して

いる）。

　したがって、仮に懲戒処分後であっても、可能な限り示談を進めたり、一定の被害回復措置を講じたりすることは意味があるといえる。

審査請求書

令和　　年　　月　　日

日本弁護士連合会　御中

審査請求人　　○○　　○○

　審査請求人は、△△弁護士会のした懲戒処分（戒告）に対し、次のとおり審査請求をする。

第1　行政不服審査法19条記載事項について
　1　審査請求人
　　　〒　　　−
　　　××県○○市□□　−　　○○法律事務所
　　　審査請求人　○○　　○○
　　　△△弁護士会所属　登録番号000000
　2　審査請求にかかる処分の内容
　　　対象弁護士○○○○を戒告する。
　3　審査請求にかかる処分があったことを知った年月日
　　　令和　　年　　月　　日
　4　審査請求の趣旨及び理由
　　　後述の通り
　5　処分庁の教示の有無及びその内容
　　　有。「この処分に対しては、行政不服審査法の規定に従い、処分があったことを知った日の翌日から起算して3か月以内に日本弁護士連合会に審査請求をすることができます。」
　6　審査請求の年月日
　　　令和　　年　　月　　日

第2　審査請求の趣旨
　1　審査請求人に対する懲戒処分（戒告）を取り消す。
　2　審査請求人を懲戒しない。

との裁決を求める。

第3　審査請求の理由
　　（略）

第4　結論
　　以上のとおり、本懲戒請求事由における対象弁護士の行為は、弁護士職務基本規程14条に違反するものではなく、また、弁護士としての品位を失うべき非行にあたらない。
　　したがって、速やかに対象弁護士を懲戒しないことを相当とする裁決をされたい。

以上

（第2章：伊藤　諭）

第3章 │ 懲戒請求事由別の具体的対応

1 依頼者からの懲戒請求

〈1〉守秘義務違反

（1）想定される具体的な事案

　SNSに自分の事件に関する情報を無断で記載された。

　情報漏洩事故が起き、機密情報が漏洩した。

（2）懲戒処分の根拠となる規定

　弁護士法23条は「弁護士又は弁護士であつた者は、その職務上知り得た秘密を保持する権利を有し、義務を負う。但し、法律に別段の定めがある場合は、この限りでない。」、職務基本規程23条は「弁護士は、正当な理由なく、依頼者について職務上知り得た秘密を他に漏らし、又は利用してはならない。」と定めており、さらには刑法134条1項では秘密漏示罪の対象となっている。

　また、職務基本規程18条は「弁護士は、事件記録を保管又は廃棄するに際しては、秘密及びプライバシーに関する情報が漏れないように注意しなければならない。」、同規程19条は「弁護士は、事務職員、司法修習生その他の自らの職務に関与させた者が、その者の業務に関し違法若しくは不当な行為に及び、又はその法律事務所の業務に関して知り得た秘密を漏らし、若しくは利用することのないように指導及び監督をしなければならない。」と規定しており、事件記録の管理、保管、廃棄など文書からの秘密漏洩、事務職員や司法修習生など弁護士以外の人の秘密漏洩に関しても厳しい義務が課せられている。

　弁護士は、証言拒絶権（刑事訴訟法149条、民事訴訟法197条１項２号）、押収拒絶権（刑事訴訟法105条）、文書提出命令の拒絶権（民事訴訟法220条４号ハ）など、秘密の開示を強要されない権利を負っているからこそ、依頼者から信頼され、自己の秘密を打ち明けてもらうことができるものである。このように、守秘義務は弁護士の職務の基盤を保障するものであり、弁護士の義務の中で最も重要かつ基本的なものの１つである。

　ただ、SNS の普及やメディアの発達により、弁護士が守秘義務違反を問われやすい環境になっているのも事実である。弁護士としては、事案が特定されないよう抽象化して発信しているつもりであっても、秘密を提供した本人からみたら「自分の秘密を外部に発信している」と評価されかねないことは十分に考えられる。

　また、コピーの裏紙の使用、PC やタブレット、USB メモリなどの置き忘れ、紛失、盗難などによる情報漏洩事故も取り沙汰されることが多い。

　そこで、依頼者から守秘義務違反を理由に懲戒請求されたとき、検討するべきポイントを考えたい。

（3）「秘密」の定義

　「秘密」とは、一般に知られていない事実であって、本人が特に秘匿しておきたいと考える性質の事項（主観的意味の秘密）に限らず、一般人の立場からみて秘匿しておきたいと考える性質を持つ事項（客観的意味の秘密）をも指す（大阪高判平成19年２月28日判タ1272号273頁〔28141765〕、大阪地判平成21年12月４日判時2105号44頁〔28171621〕）。職務基本規程23条にいう依頼者の秘密には、依頼者の過去の犯罪行為、反倫理的行為、疾病、身分、親族関係、財産関係、遺言書の存否、居所その他依頼者の不利益となる事項等、いやしくも依頼者が第三者に知られたくないと思われる事項はもちろん、社会通念上一般に知られたくないと思われる内容の事柄はすべて含まれる（日弁連倫理委員会・解説職務基本規程〈第３版〉54頁）。

　懲戒対応としては、懲戒請求事由である「秘密」が上記定義上の「秘密」といえるかを分析する必要がある。

（4）「職務上知り得た」の定義

　「職務上知り得た」とは、弁護士が職務を行う過程で知り得たことをいう（日弁連倫理委員会・解説職務基本規程〈第3版〉56頁）。

　私生活上知った秘密はもちろん、たとえ「弁護士」という肩書きを信用されたからこそ開示された秘密であっても職務と無関係で知ったものであれば「職務上知り得た」とはいえない（前掲平成19年大阪高判）。ただし、受任事件と関係がなくとも職務上知り得た秘密には該当し得る。

（5）「依頼者」の定義

　「依頼者」とは、個別事件を依頼した者のほか、受任には至らなかった相談者、顧問先等を含む。事件が終了した過去の依頼者も含まれる。組織内弁護士の雇用主も含むと解するのが一般的である（日弁連倫理委員会・解説職務基本規程〈第3版〉58頁）。

　なお、職務基本規程23条は「依頼者について職務上知り得た秘密」と規定する一方、弁護士法23条は「その職務上知り得た秘密」と規定しており、依頼者以外の職務上知り得た秘密が対象になるかどうかが問題となる。

　依頼者の秘密に限定されないという非限定説、依頼者の秘密に限定するという限定説、依頼者のほか、依頼者に準ずるものの秘密を対象とするという折衷説の対立があるが、非限定説が有力と考えてよい。過去の日弁連綱紀委員会の判断（日弁連綱紀平成23年11月16日議決例集14集155頁）においても、「守秘義務の対象・範囲は、依頼者はもとより第三者の秘密やプライバシーにも及ぶことは当然とされている」と判断されており、非限定説が前提になっているものと考えられる。もっとも、非限定説の立場をとっても、信頼関係を前提とする依頼者の秘密と信頼関係があるわけではない依頼者以外

の秘密は、必ずしも明確に区別されて議論されてこなかった。今後は、両者の秘密が同質的なものなのか、特に守秘義務の例外が認められる範囲に違いが生じるのかといった議論が必要である（日弁連倫理委員会・解説職務基本規程〈第3版〉59頁）。

（6）「漏らす」「利用」の定義

「漏らす」とは、第三者に開示することをいう。不特定又は多数の第三者に対して開示する場合のみならず、特定かつ少数の第三者に対して開示する場合をも含む。

「利用」とは、秘密をもとに一定の効果を得ることを企図して行為することをいう。

（7）「正当な理由」

弁護士法23条ただし書は、法律に別段の定めがある場合は、秘密保持の権利義務を解除する旨を規定する。法律に別段の定めがある場合とは、民事訴訟法197条2項や刑事訴訟法105条ただし書、149条ただし書などである。職務基本規程23条は、「正当な理由なく」と規定しており、正当な理由がある場合は、守秘義務が解除される。正当な理由がある場合としては、弁護士法23条と同様に、法律に別段の定めがある場合が挙げられる（日弁連倫理委員会・解説職務基本規程〈第3版〉61頁）。

正当な理由があるとされるのは、次のとおりとされている。

ア　依頼者の承諾がある場合

依頼者の承諾があるといえるためには、それが依頼者の真意に基づくものであることが必要である。したがって、弁護士が開示の必要性や方法等について、具体的にわかりやすく説明をすることが前提となろう。もっとも、明示の承諾である必要はなく、依頼者と連絡がつかない場合であって、依頼者の名誉や信用を守る必要性があるときには、黙示の承諾や推定的承諾でもよ

いとされるが（日弁連倫理委員会・注釈倫理〈補訂版〉91頁）、依頼者の利益を考慮すれば、この判断は慎重になされるべきであり、緊急の必要性のある場合に限られると解するべきである（日弁連倫理委員会・解説職務基本規程〈第3版〉62頁）。

イ　弁護士の自己防衛の必要がある場合

依頼事件に関連し弁護士自身が民事、刑事等の係争の当事者となり、あるいは懲戒手続に付されたり、紛議調停手続において自己の主張、立証のため必要な場合には、依頼者の秘密の開示が許されると解されている。弁護士自身の名誉を守り、重大な誤解を解くために必要な限度内で秘密の開示が許されるとされる（日弁連倫理委員会・注釈倫理〈補訂版〉90頁、日弁連倫理委員会・解説職務基本規程〈第3版〉62頁）。

ウ　公共の利益のために必要がある場合

弁護士の役割は依頼者の利益を守ることにあり、守秘義務はそのために必要不可欠な重要な倫理であるが、守秘義務といえども絶対的なものではない。弁護士には、依頼者の利益の擁護だけでなく、公共的な役割があることから、公共の利益を図るために守秘義務が解除される場合がある。生命身体への危害防止や財産への危害防止等の目的で守秘義務が解除される場面があり得る（日弁連倫理委員会・解説職務基本規程〈第3版〉64頁）。

（8）「事件記録」の定義（職務基本規程18条関連）

弁護士が、相談あるいは委任を受けた事件に関して職務上入手し、又は作成した一切の文書、写真等の証拠書類や電磁的な記録及びそれらの写しをいう。

（9）「保管」「廃棄」の定義

「保管」とは、事件記録を自己の管理の及ぶ範囲内に保持してその紛失・滅失・毀損を防ぐための管理行為をいう。自ら保管する場合だけではなく、

倉庫業者等の第三者に委ねて保管する場合も含む。

　「廃棄」とは、事件記録を捨てること、あるいはその本来の用途に供し得ないように効用を失わしめることをいう。電磁的記録の媒体を捨てることのほかに、電磁的記録を消去することも含まれる。弁護士自ら廃棄する場合だけではなく、廃棄業者等の第三者に委ねて廃棄処分する場合も含む。

（10）「秘密及びプライバシーに関する情報」

　依頼者に関する情報だけではなく、受任事件には直接関係のない第三者の情報も含まれる。

（11）「注意」

　どのような対応をすれば「注意」を尽くしたといえるかについては、以下を参考にされたい（日弁連倫理委員会・解説職務基本規程〈第3版〉38頁以下参照）。

　なお、行為規範としては日弁連「弁護士情報セキュリティガイドライン」（（日弁連会員専用ページ）HOME＞業務関係＞弁護士倫理／マネー・ローンダリング対策／情報セキュリティ＞弁護士倫理関係＞弁護士情報セキュリティガイドライン（2019年改訂版））も参考になる（ただし、「弁護士に、新たに本ガイドラインが定める取組を行う義務を課すものではない。また、本ガイドラインは綱紀・懲戒の直接の基準とされることも想定していない。」とされていることに留意する必要がある）。

ア　保管

　事務所内のキャビネットやロッカーに入れておけば一般的に十分といってよく、特に施錠まで要求されるわけではない。ただし、例えば手形・小切手や契約書原本などの高価品や代替性のない重要書類については、保管場所の施錠をするなど、秘密及びプライバシーに関する情報の保管とは別に特別の配慮をなすべき場合があることは別論である。

イ　事務職員等に委託する場合

事務職員、実務修習中の司法修習生あるいはエクスターンシップ制度のもとに受け入れた法科大学院生などに事件記録の保管や廃棄を委ねる場合には、その者を指導するべき弁護士が保管又は廃棄について注意するよう監督する責任を負う（なお、職務基本規程19条参照）。

ウ　専門業者への委託

専門の業者に職務基本規程18条の趣旨を充足した十分な注意を与えて保管・廃棄の委託をすることも、本条の注意を尽くしたといってよい。漫然と廃棄を依頼したときは、注意を欠いたと認定されることがあろう。事件記録について、他の弁護士等が共同で使用することができるようにするために、ウェブ上で保存することがある（いわゆるオンライン・ストレージ）。これを利用するときも、プロバイダーなど業者の選択に注意を尽くしたり、パスワードにより他の第三者が事件記録にアクセスすることができないようにしたりするなど、十分な注意を払う必要がある。

エ　廃棄

廃棄について、事件記録をシュレッダー等で細かく裁断することもなく、家庭用ゴミ袋に入れ、一般ゴミとしてゴミ集積場に出しておくような行為は、注意を尽くしたことにならない。

オ　電磁記録の媒体

電磁記録の媒体（例えば、パソコンのハードディスク）については、通常の操作方法によりデータをすべて消去したうえで信頼できる業者に処分を委ねることをもって、廃棄につき注意を尽くしたといえると考えられる。

カ　事件記録等の依頼者への交付

弁護士が相手方やその他の者から入手した事件記録を依頼者に交付することは、受任事件を適切に処理するために必要と認められる限りは、正当な職務行為として当然許される。しかし、その場合であっても、弁護士が依頼者以外の第三者の秘密やプライバシーを守らなくてはならないことに変わりは

なく、十分に注意をする必要がある。すなわち、交付する事件記録の中に第三者の秘密やプライバシーに関する情報があるときは、依頼者に対し、これを漏らしてはならないように注意することは少なくとも必要であり、秘密・プライバシー情報をすべて消除してから交付するなどの注意が必要となることも場合によってはあるであろう。

　また、事件記録の検討が終わり、依頼者の手元にとどめておく必要のなくなった場合には、相手方や第三者の秘密・プライバシー情報が含まれる記録については、回収することが必要とされることもあろう。事件が終了したとき、辞任したとき、解任されたときなどには、特に留意すべきである。秘密やプライバシーに関する情報が漏れた場合の影響の程度、事件記録の保管状況、依頼者と弁護士との信頼関係の程度等を判断して、適切に対応する必要がある。

キ　裁判所に証拠として提出する場合

　民事裁判の手続において裁判所に証拠として提出する場合、立証の趣旨に照らして必要性のない第三者の秘密やプライバシーに関する情報が記載された部分については、その部分を消除して提出する注意が求められることもある。事件記録中に依頼者や第三者の秘密及びプライバシーに関する情報が含まれる場合に、立証上の必要もなく証拠として提出したために裁判手続の関係者にその情報が漏れることは、職務基本規程18条の「保管又は廃棄するに際して……情報が漏れないように注意しなければならない」との義務に違反することとなる場合もあり得る。

　また、裁判の手続において提出され公開の法廷で調べられた証拠であっても、依頼者やその他の第三者の情報について秘密・プライバシーとしての性質が失われない限り、保管又は廃棄に際して、職務基本規程18条に規定する注意が必要となる。

ク　事件記録を第三者に提供する場合

　事件記録を依頼者以外の第三者に交付あるいは開示する場合には、一層の

注意が必要となる。当該記録が、検察官からの開示証拠である場合には、刑事訴訟法281条の4に定めるいわゆる目的外使用の禁止規定を必要に応じ告知して注意を与えるべきであるが、この規定に抵触するか否かにかかわらず、職務基本規程18条の「保管……に際して……情報が漏れないように注意しなければならない」との義務に反するとされる場合があり得ることに留意すべきである。

（12）具体的対応

　以上の定義や解釈をヒントに、個別事案への対応のとっかかりを見つけていきたい。

ア　懲戒請求事由における「秘密」はどのようなものか

　・一般的に知られていない事実といえるか

　・依頼者が特に秘密にしておきたいという内容であったか

　・明示黙示の意思表示があったか

　・性質上、特に秘密にしておきたいと思われる内容であったか

　・一般人の立場からみて秘匿しておきたいと考える性質を持つ内容か

イ　そもそも誰の秘密か

　・依頼者・相談者本人か

　・顧問先の場合、会社そのものの情報か、代表者の情報か、役員、従業員、取引先の情報か

　・依頼者に準ずるものといえるか

　・第三者か

　・相手方か

　・信頼関係を共有する立場の者か

　・秘密の保持者と具体的にどのような信頼関係があったといえるか

ウ　その入手経路はどういったものであったか

　・依頼事件に関連して取得したものか

・直接交付されたものか

・弁護士が自身で取得したものか

・相手方等から取得したものか

・たまたま取得した情報ではないか

エ　漏らしたり利用したといえる行為であったか

・具体的にどのような行為を行ったのか

・過失によるものか

・実際に情報に接する人間はどの範囲か

・「利用」は、本件秘密と因果関係があるといえるものか（情報がなかったとしても同様の行為をしたのではないか）

オ　正当な理由があったかどうか

・利用目的は何か

・当該秘密を利用する必要性があったといえないか

・当該秘密を利用することに相当性があったといえないか

カ　保管・廃棄に対する注意をしていたといえるか

・単なる結果論ではなく保管方法が適切だったといえるか

・事務職員等への監督は十分だったか

・廃棄を専門業者に依頼する場合、どのように選定したか

・不可逆的な方法による廃棄を選択したといえないか

・事件記録の扱い、交付について、第三者の秘密、プライバシーの消除を行ったか。依頼者に対する注意を行ったか

・裁判所への証拠提出に当たっては、立証趣旨との関係で不必要な秘密やプライバシーが含まれていなかったか。立証趣旨との関連性を主張できないか

・第三者への提供の場合、その必要性、秘密の内容、他の選択肢の有無など、提供が必要不可欠で他に方法がなく、秘密保護に対する配慮を十分にしていたといえないか

〈2〉 弁護士報酬の説明不足や過大請求

（1）想定される具体的な事案

　報酬額が高すぎる。報酬額の計算に納得がいかない。結果に見合わない高額の報酬を請求された。

（2）懲戒処分の根拠となる規定

　弁護士報酬に関するトラブルは弁護士にとって最も神経を使うものである。客観的な事件の成否にかかわらず、依頼者の主観的な満足度によってもトラブルへの発展の可能性はかなり変わってくる。

　表面上は報酬に関するクレームのようにみえたとしても、実際は弁護士業務そのものや結果への不満、反対に「こんな簡単なこと（すぐ終わること）でこんなに高額な報酬を請求するなんて」という反発であったりする。

　職務基本規程29条は、「事件の見通し」「処理の方法」「弁護士報酬」及び「費用」について適切な説明を義務付けているが、報酬に関するトラブルの大元はこの規定に従った理解ができているかという問題に帰着するのかもしれない。

（3）説明しておくべき内容（日弁連倫理委員会・解説職務基本規程　〈第3版〉105頁）

ア　事件の見通し

　訴訟等の勝敗に限らず、予測される相手方の主張や紛争解決までに要する時間なども含まれる。

イ　処理の方法

　具体的にどのような手段によって紛争を解決するか。調停の申立てをするのか、訴訟提起をするのか、保全処分を行うか、債務整理の場合は具体的にどのような方法を選択するかなどである。

ウ 弁護士報酬及び費用

弁護士の報酬に関する規程5条1項は、「弁護士は、法律事務を受任するに際し、弁護士の報酬及びその他の費用について説明しなければならない」と規定している。

費用の説明は、裁判所に納付する収入印紙、郵券、鑑定費用等はもとより、審級の説明も含めて、要は解決までにいくらくらいかかるのかについての説明である。

エ 適切な説明

職務基本規程29条が規定する弁護士の説明義務は、「依頼者から得た情報」に基づくものであるから、すべての調査をしたうえでの説明までは弁護士に要求されていない。弁護士は、依頼者から得た情報に基づき、可能な範囲で、できる限り「適切な説明」をすれば足りると解されている。

説明は、依頼者が理解できる方法によって行う。原則として、直接面談して説明を行い、その際、必要があれば、口頭による説明だけでなく、書面を利用するなどして、依頼者が理解しやすいように工夫すべきである。また、必要があれば、面談以外の方法（電話、ビデオ通話、手紙、メールなどの通信手段を使う方法）も用いることがあろう。

オ 予測される結果の告知と結果実現の努力

弁護士が、依頼者に対し、勝訴の可能性が高いなどと、事件の結果について予測した意見を告知することは許される。このことは、直ちには有利な結果を請け合ったり、保証したりすることを意味するものではない。しかし、予測意見の告知が、依頼者に誤解を生ぜしめないように十分な説明が必要であろう（日弁連倫理委員会・注釈倫理〈補訂版〉99頁）。

カ 結果が得られる見込み

職務基本規程29条3項にいう「見込みがあるように装って」とは、「依頼者の期待する結果が得られる見込みがない」ことが客観的に認められ、弁護士もそのような見込みがないことについての主観的認識を有していながら、

この主観的認識を依頼者に事前告知していない場合である。したがって、平均的弁護士の判断水準に照らして、当該弁護士が「依頼者の期待する結果が得られる見込みがない」ことの主観的認識を有していなかったときは、一般的には本項違反が問題とされることはないであろう（日弁連倫理委員会・注釈倫理〈補訂版〉97頁）。

（4）具体的対応

まずは、「報酬」に対する不満の根底がどこにあるのかを詳細に検討したうえで、それに対応した弁明が求められる。

報酬に対する不満という形で現れているものの、それが、結果に対する不満なのか、見通しと異なったことによるものなのか、プロセスに不満があるのか、解決までの時間に不満があるのかなど、真の原因を分析したい。

真の原因を分析できたら、それに対する言い分を可能な限り証拠を引用して弁明することになる。契約当初の説明をどのように行ったか、依頼者はどのような理解をしていたか、実際にどのような処理をしたか、その都度説明していたか、結果の評価は客観的にはどうだったのか、などといった視点を参考にしたい。

〈3〉契約書の不作成

（1）想定される具体的な事案

依頼者から事件を受任するに当たり契約書を作成しなかった。

（2）懲戒処分の根拠となる規定

職務基本規程30条1項本文は「弁護士は、事件を受任するに当たり、弁護士報酬に関する事項を含む委任契約書を作成しなければならない」と規定している。

すなわち、職務基本規程上、原則として弁護士は依頼者との間において

「弁護士報酬に関する事項を含む委任契約書を作成」する必要があり、例外的に作成を要しない場合があるという構造になっている。そのため、委任契約書を作成していない場合は原則的には職務基本規程違反となる。

　従前においては、委任契約書を作成しなかったことを懲戒事由の1つとして併記されている事案はあれど、委任契約書を作成しなかったことのみを理由とする懲戒事例はほぼ存在しておらず、委任契約書の不作成は職務基本規定違反であるものの、懲戒をするには当たらない違反であるととらえられていた可能性がある。

　しかしながら、近年（2023年1月の「自由と正義」の懲戒欄）において、まさに依頼者との間で契約書を作成しなかったことのみをもって「戒告」と判断されたと思われる事案が掲載されており、今後の流れとして「委任契約書を作成することに困難な事由がある」か「委任契約書を作成しないことについて合理的な理由」がない状態において委任契約書を作成しなかった場合は、懲戒されるおそれが存在していると判断するべきであろう。

（3）検討要素・考慮要素

ア　職務基本規程の趣旨

　職務基本規程30条1項が原則として委任契約書を作成することを求めている趣旨は「受任の範囲や弁護士報酬等をめぐる依頼者とのトラブルを未然に防止するために極めて有効・有益である」ためとされている（日弁連倫理委員会・解説職務基本規程〈第3版〉108頁）。

　同条2項が「受任する事件が、法律相談、簡易な書面の作成又は顧問契約その他継続的な契約に基づくものであるときその他合理的な理由があるときは、委任契約書の作成を要しない」と規定している趣旨は、このような類型であれば「受任の範囲や弁護士報酬等をめぐる依頼者とのトラブル」が発生しにくい類型であることに求められよう。

イ　具体的な主張内容

　事件の受任に当たり委任契約書を作成していなかった場合においては、職務基本規程30条1項ただし書が規定する「委任契約書を作成することに困難な事由がある」か同条2項が規定する「合理的な理由」が存在する旨の主張をすることになる。

　前述のように、従前は依頼者に損害がないような場合においては委任契約書を作成しなかったことのみでの懲戒事例は存在していなかったと思われるが、近年においては委任契約書を作成しなかったことのみをもって「戒告」と判断したと思われる事例が発生しており、委任契約書を作成しなかったことによっても依頼者に「損害がない」との主張であるとか、「他の方法で説明をしている」という主張を行うだけではなく、委任契約書を作成することが「困難な事由」があったか、当該依頼が「法律相談、簡易な書面の作成又は顧問契約その他継続的な契約に基づくものであるときその他合理的な理由があるとき」に該当する旨具体的に主張する必要があろう。

　そして、その際には、職務基本規程30条の趣旨である「受任の範囲や弁護士報酬等をめぐる依頼者とのトラブル」が発生する類型ではないという主張が有効であろう。

　「委任契約書を作成することが困難な事由」については、例えば緊急性の高い案件においてすぐさま着手をしなければならないような事案や依頼者が身体拘束を受けておりその場での契約書の作成が難しい場合、依頼者が遠方にいる場合などが想定されるが、このような事案であってもそれほどの時間をおかずに契約書を作成することが可能であり、かつ電子契約の利用も広まってきているのであるから、長期間にわたり委任契約書を作成することが困難な事由が継続するということはあまりないと思われる。

　「合理的な理由」が認められる場合としては、規程上も「法律相談、簡易な書面の作成又は顧問契約その他継続的な契約に基づくものであるとき」が例示されている。「法律相談、簡易な書面の作成」についてはその場で業務

が終了し報酬の支払も完了してしまうことから、依頼者との間で受任の範囲や弁護士報酬等をめぐるトラブルが発生しにくい類型であることが理由とされている（日弁連倫理委員会・解説職務基本規程〈第3版〉109頁）。

　また、継続的な依頼関係があるなどして受任内容が一定している場合においても受任の範囲や弁護士報酬等について依頼者とのトラブルが発生する可能性は低いことから、あえて委任契約書を作成する必要はないとされている。もっとも、当初の顧問契約の内容については委任契約書を作成する必要があろう。

　そのため、「合理的な理由」を主張する場合においても、当該依頼者又は当該事件の関係においては、委任契約書を作成しない場合であっても「受任の範囲や弁護士報酬等をめぐる依頼者とのトラブル」が発生しないということを明確にしていくことになろう。

　なお、合理的な理由を主張するに当たって、職務基本規程82条1項が参考になる。同項前段は「この規程は、弁護士の職務の多様性と個別性にかんがみ、その自由と独立を不当に侵すことのないよう、実質的に解釈し適用しなければならない」と規定しており、委任契約書の不作成の「合理的な理由」についても、職務の多様性と個別性に鑑みる必要があろう。

ウ　注意事項

　他の懲戒事由と異なり委任契約書を作成していない事実自体は形式的に判断ができてしまうことから、作成をしないことによっても依頼者に損害がない、説明自体は行っているという主張をするだけではなく（かかる主張が情状として意味がないというわけではない）、「委任契約書を作成することが困難な事情」か「委任契約書を作成しないことについての合理的な理由」を具体的に主張することになろう。

　そして、その際には、「受任の範囲や弁護士報酬等をめぐる依頼者とのトラブルを未然に防止する」という職務基本規程30条の趣旨自体は守られているという観点からの主張を行うことが重要である。

▌〈4〉 受任事件の遅滞・放置

（1）想定される具体的な事案

　債務整理を受任し、方針としては破産であることが確定したにもかかわらず、長期間にわたり破産の申立てを行わなかった。

（2）懲戒処分の根拠となる規定

　職務基本規程35条は「弁護士は、事件を受任したときは、速やかに着手し、遅滞なく処理しなければならない」と規定している。

　同条の趣旨は、受任事件の速やかな着手と遅滞なき処理は受任者が負う善管注意義務（民法644条）に基づく弁護士の基本的な義務の１つであると解されているところにある（日弁連倫理委員会・解説職務基本規程〈第３版〉116頁）。

　実際、その理由については複数の理由が考えられるものの、事件放置、事件の滞留に伴う懲戒事例は多く、弁護士が陥りがちな類型であると考えられる。

（3）検討要素・考慮要素

　受任事件の「遅滞」「放置」は問題となりやすい類型であるが、事件の「遅滞なき処理」とは単純に期間のみで判断されるものではなく、個別具体的な事案ごとに「遅滞なき処理」に該当するか否かが判断されることになる。「遅滞なき処理」が要求されるとはいえ、複雑な事件の場合には争点の整理や証拠の収集にある程度の時間が必要となることは当然であるし、依頼者の属性、依頼者の理解の程度、こちらから依頼者に対する報告の頻度、内容及び依頼者からの反応も考慮要素となろう。

　受任事件の遅滞、放置に関する具体的な懲戒事例をみるとその期間は数か月から10年以上とかなりの差があり、かつその処分の内容も戒告から業務停

止10か月までとかなりの差がある。基本的には遅滞・放置の期間が長いほど懲戒処分が重い傾向があるが、単純に期間の長さだけではなく、事件類型や依頼者に対する報告の内容なども考慮されている。特に、依頼者に対し虚偽の報告をしているような場合、依頼者からの問い合わせに回答していないような場合において処分が重くなっている傾向があり（説明義務違反自体が職務基本規程36条違反を構成する）、単に事件処理の遅滞・放置だけでなくそれを誤魔化すために依頼者に対し虚偽の報告をすることはより重い処分の原因となる。事件処理が遅滞してしまっている場合であっても依頼者に対しては謝罪とともにそのことを正直に報告すべきであろう。

（4）具体的な主張

　受任事件の遅滞・放置を理由とする懲戒請求を受けた場合における具体的な主張の内容としては、受任事件の種類、性質、複雑性、依頼者の人数、属性、依頼者の事件及び法的な主張に対する理解の程度、自らが依頼者に対してしていた報告の頻度及び内容、報告に対する依頼者の反応及び内容を主張することになる。

　その際においても、職務基本規程82条1項前段が「この規程は、弁護士の職務の多様性と個別性にかんがみ、その自由と独立を不当に侵すことのないよう、実質的に解釈し適用しなければならない」と規定していることに鑑み、自らの職務の多様性と個別性を前提とし、拙速な事件処理を要求されることは自らの「自由と独立を不当に侵す」ことになる旨の主張を組み立てることになろう。

　もっとも、受任事件の遅滞・放置を理由とする懲戒請求を受ける場合においては、実際に相当期間受任事件が遅滞・放置されてしまっていることが多く、かつかかる事実を依頼者が不満に感じていることが多いであろうことからすれば、依頼者に対しては、時間がかかっている理由について誠実に説明するとともに、今後の進行についても明示していく必要がある。そしてその

ような措置を講じたことを弁明書に記載し、理解を求める必要がある。

〈5〉法的手続の誤り・調査不足

（1）想定される具体的な事案

　依頼者からの問い合わせに対し、法的知識の不足、事実関係の確認不足等により誤った回答をした結果、依頼者に損害が発生した。

（2）懲戒処分の根拠となる規定

　職務基本規程37条1項は「弁護士は、事件の処理に当たり、必要な法令の調査を怠ってはならない」と規定し、同条2項は「弁護士は、事件の処理に当たり、必要かつ可能な事実関係の調査を行うように努める」と規定している。

　本条の趣旨は、弁護士法2条が「弁護士は、常に、深い教養の保持と高い品性の陶やに努め、法令及び法律事務に精通しなければならない」と規定していることを受け、職務基本規程7条は「弁護士は、教養を深め、法令及び法律事務に精通するため、研鑽に努める」と規定していることを事件処理に当たる際のものとして具体化し、合わせて事実関係の調査についても規定したものとされている（日弁連倫理委員会・解説職務基本規程〈第3版〉120頁）。

　職務基本規程37条1項は法令の調査に関するものであり義務規定とされている。対して同条2項は事実関係の調査に関わるものであり努力義務とされている（職務基本規程82条2項）。

（3）検討要素・考慮要素

　職務基本規程37条1項の法令の調査については「事件の処理に当たり、必要な法令の調査を怠ってはならない」と規定しており「事件の処理に当たり、必要な」範囲での法令の調査を弁護士の義務として課している。本条に

基づいて弁護士が調査の義務を負う「法令」とは、日本国内において効力を有する法律、政令、条例等のほか、効力を失った旧規定や外国における法令も含まれると解されている（日弁連調査室・条解弁護士法〈第5版〉21頁）。

このように弁護士が負っている法令の調査義務については広範なものとなっており、受任事件に関する法令の調査義務は厳格なものである。

法令の調査をしなかったことにより懲戒処分がされた事案としては、相続税の連帯納付義務に関する法令の調査を怠り誤った回答を行った事案や、法的根拠が乏しいまま損害賠償請求を行ったうえで使用者責任の要件を検討しないまま勤務先（大学）に対し使用者責任の追及を含めた法的措置をとらざるを得ない旨の通知を送付した事案が存在している。

前者の事例は税務に関する相談も含むものであるが、事件として受任した以上税務に関しても調査をする義務があるとされている（もっとも、同事案では着手金の不返還や税金の消滅時効に関する説明の誤りも懲戒の理由とされている）。税務に関する相談が来てしまった場合は、十分な調査をするか、税理士などの専門家に確認するなどの対応をする必要があろう。

対して、職務基本規程37条2項の事実関係の調査については「事件の処理に当たり、必要かつ可能な」範囲で行うものとされており、かつその程度も努力義務とされている（職務基本規程82条2項）。

「必要かつ可能な」事実関係の調査とは事案によって異なり、「依頼の趣旨に基づいて、依頼者の権利及び正当な利益を実現する目的に照らして判断される」とされているが、この定義では具体的にどこまで調査を行うべきか判然としない。

事実関係については、当該案件を解決するのに必要不可欠な事柄から、必ずしも必要ではない事柄まで及ぶことから、そのすべてを把握する義務があると考えることは適切ではない。あくまで「事件の処理に当たり」必要かつ可能な範囲での事実の調査をする努力義務であると解するべきであろう。

　事実の調査をするべきであったのにしなかったとして懲戒処分となった事案として、刑事事件において供述の信用性に関する重大な事実関係の調査を依頼されたにもかかわらずかかる調査を行わなかった事案、交通事故に基づく損害賠償請求において謝罪の有無や既払金の額に対する調査を行わず事実と異なる記載を訴状等にした事案、通知書の作成に当たり伝聞情報のみに基づき通知書を作成し裏付けとなる事実関係の調査を行わなかった事案などが存在している。

　事実の調査については努力義務であるものの、上記事案のように依頼者の権利及び正当な利益の実現のために直接的に必要となる事実についての調査の依頼を具体的に受けておきながらそれを行わなかった場合や、事実の調査を行わないことにより相手方又は第三者の名誉を毀損するような内容の文章を作成するに至った場合などは事実の調査の不足を理由とする懲戒事由になると思われる。

　なお、執筆者である私自身、法令及び事実の調査不足により弁護過誤を侵した経験がある。当該事案は弁護士賠償責任保険による賠償を行うことができたこともあり懲戒請求に至らなかったものであるが、懲戒請求をされていた場合は懲戒処分がなされた可能性が十分にある事案であったと考えている。どのような事案であっても先入観で処理方針を考えるのではなく、実際に各種資料を取得し、内容を確認のうえ、方針について検討するべきであろう。

（4）具体的な主張

　法令の調査義務を尽くしていないとの懲戒請求に対しては、「事件の処理につき対象となる法令の調査は必要ではない」又は「事件の処理につき必要な法令の調査は尽くしている」との主張をすることになろう。

　弁護士が調査義務を負う法令は「事案の処理」において「必要」な法令であるから、当該事件の処理について必要となる法令は何かをまず検討する必

要がある。特定の結果、懲戒請求の対象となっている法令の調査が「必要」でないのであればその旨を主張することになろう。

　対して、事件の処理に当たり当該法令の調査が「必要」である場合は、当該法令については調査を尽くしているとの主張をすることになる。その場合は、法令の調査を具体的にどのように行ったかという経過を資料とともに主張をする形になろう。

　当該法令の調査がそもそも必要でない場合とは、懲戒原因として主張されている法令の調査をしたとしても事件処理の方向又は内容に変化がない場合などが考えられよう。職務基本規程37条が要求する調査義務はあくまで「事件の処理に当たり」必要となるものが対象となるのであり、依頼者が要求するすべての法令の調査の義務を負うものではない。もっとも、依頼者から明示に打診された法令調査について受託しているような場合は、その法令調査自体が依頼の内容となると考えられるから、当該法令調査を行わないことは職務基本規程37条及び35条違反の問題が発生し得よう。

　対して、当該法令の調査が事案の処理において必要なものである場合において法令の調査を尽くした旨の主張をする場合は、前記のように調査の対象となる法令の範囲はかなり広範に及ぶものであることから、調査を尽くした証拠として他士業も含む専門家に確認をした事実や参考とした書籍等について記録をしておく必要があると思われる。

　両者に共通するものとして「事件の処理」においては「弁護士の職務の多様性と個別性にかんがみ、その自由と独立を不当に侵すことのないよう」に解釈しなければならない（職務基本規程82条１項前段）と規定されていることから、「必要」な法令の調査としても弁護士の職務の多様性と個別性に鑑み、当該事案の個別性を前提として主張する必要があろう。

　もっとも、実際に法令の調査が不足していた場合においては、当該事実については認めたうえで、懲戒処分が必要な程度の義務違反ではないことを主張することになる。その場合においては、当該法令調査の困難性、事件の処

理を行ううえでの必要性、法令調査の不足が判明した時点でのクライアントに対する対応、損害拡大防止のための具体的な活動、発生した損害の有無等について主張をする形になろう。

　事実の調査に関する調査義務を尽くしていないとの懲戒請求に対しては、主に「懲戒原因とされている事実の調査については必要でない」「懲戒原因とされる事実の調査については可能ではなかった」「当該事案において必要かつ可能な事実関係の調査は尽くしている」という主張となる。

　この主張の前提として、調査義務の対象として主張されている「事実」が当該事案において「必要」なものであり、かつ「調査が可能なもの」であったのかを検討し、どちらか又はどちらの要件も満たさないのであればその旨を主張し、両方を満たす場合は「必要かつ可能な調査は尽くしている」という主張をすることになろう。

　当該事実がそもそも調査の必要がない場合とは、事件の処理に当たり当該事実の有無が影響を及ぼさないような場合が考えられる。職務基本規程上弁護士が負っている事実の調査義務はあくまで事件の処理に必要な範囲についてであり、事件の処理に影響を与えないような事実について調査を行わなかったとしても義務違反を構成するものではない。

　また、仮に当該事実を調査する必要があったとしても、事実関係については依頼者から話がなければ把握することができないものも多く、また弁護士会照会等の手続をとったとしても必ずしも回答が得られるものでもない。もっとも、前記の懲戒事案にもあるように依頼者の主張を何らの裏付けもとらずに鵜呑みにした場合において調査義務違反が認定されている事案もあり、依頼者の主張と弁護士として容易に取得できる資料（住民票、戸籍謄本、登記簿謄本等）との整合性や、依頼者から提供を受けている証拠関係との整合性、依頼者の現場に関する主張との整合性などは確認すべきであろう。対して、このような手段では事実関係を把握できないようなものについ

てまでは弁護士として調査が可能であるとはいえず、仮に事実の調査ができなかったとしても調査義務の違反が認められるものではないと考える。

　そのうえで、懲戒事由として主張されている事実関係の調査が「必要」かつ「可能」である場合には「必要かつ可能な事実関係の調査は尽くしている」という主張をすることになろう。その際には事件の概要、依頼者から説明されていた事実の内容、事実の調査のために取得した資料、調査の具体的な方法及び内容、得られた資料からどのような主張を構成しているかについて主張することになろう。

　事実の調査については努力義務であること及び「事件の処理」においては「弁護士の職務の多様性と個別性にかんがみ、その自由と独立を不当に侵すことのないよう」に解釈しなければならない（職務基本規程82条1項前段）と規定されていることから、「必要かつ可能な」事実の調査についても弁護士の職務の多様性と個別性に鑑み、当該事案の個別性を前提として主張する必要があろう。

（第3章1〈1〉〈2〉：伊藤　諭、〈3〉～〈5〉：北　周士）

2 相手方からの懲戒請求

〈1〉 態度が悪い・高圧的・脅迫的な書面・不当な請求

（1）想定される具体的な事案

　弁護士から怒鳴られた。人格を否定されるような書面が提出された。相場をはるかに超える理不尽な請求をされた。

　弁護士という職業上、どうしても対立当事者が存在する。弁護士を相手にする相手方ご本人も必要以上に身構えて萎縮したり、反対に過剰に攻撃的になったりされるケースは多くの弁護士が経験するところではなかろうか。

　弁護士は、相手と意見が異なる場面において、堂々と主張したり毅然とした態度をとらなければならないことは往々にしてある。交渉ごとであれば、依頼者の意向に従って意見を通さなければならない状況も多い。

　このように、立場上主張するべきことを主張しているわけであるが、前提の異なる対立当事者にとってそのこと自体が不快だということは想像に難くない。

　また、相手方が弁護士を挑発して、それに呼応して弁護士側も声が大きくなってしまうこともないわけではない。どうしても相手方からみれば、異なる意見を「押しつけられた」とトラブルに発展することも容易に考えられる。しかしながら、このような相手方からの懲戒請求によって懲戒に至ってしまう例は少なくない。弁護士からみて不当と思われる相手方からの懲戒請求だからといって、丁寧に対応しないと思わぬ処分につながりかねない。

（2）事実関係の丁寧な説明

　相手方からの懲戒請求は、弁護士の特定の言葉、特定の態度を問題視しているケースも少なくない。全体の事実関係からすればその一部のやりとりにしかすぎず、全体を把握すると問題とはいえないこともあり得る。

　そこで、しっかりと最初から最後まで時系列に従って事実関係を丁寧に説明することが求められる。なお、法律家としては事実に関することと評価に関することを明確に分けて論じるべきことはもちろんである。評価の混ざった事実関係の記載は、読み手（綱紀委員会や懲戒委員会）にとってむしろ一定の結論に誘導されているような感覚になり、警戒感を持って読むようになってしまう。

（3）当該言動の意味、その言動の背景

　しかしながら、懲戒請求者の主張する弁護士の言動を単独で取り出してみると、なかなか許容することが難しいことも多い。実際の懲戒例においても、言葉が過ぎたのであろうと想像される事案も増えているように思われる。

　当該言動がどのようなやりとりの中で出てきたもので、どのような意味合いで出てきたのかということを説明する必要がある。そしてそれは一般の目からみて合理的で説得的でないといけない。無理のある弁解や責任をなすりつけるような主張は、かえって自らの言動の悪質性を増幅しかねない。「このような主張をする弁護士だから、この場面でもそのような意図で言ったのだろう」と思われてしまえば懲戒につながりかねない。

〈2〉守秘義務違反・秘密保持義務違反

（1）想定される具体的な事案

　職務上請求より取得された情報について、本来隠しておきたかった住所などが弁護士の依頼者に伝わってしまった。

　秘密保持合意を締結したにもかかわらず、秘密情報を口外された。

　守秘義務違反や秘密保持は相手方から指摘されることもある。依頼者に対する守秘義務違反は「本章1　依頼者からの懲戒請求〈1〉守秘義務違反」で既に述べたとおりである。

　ここでは相手方から守秘義務違反等の主張に特有の類型について解説する。

（2）相手方からの懲戒請求特有の問題

　相手方からの懲戒請求で特に多いものが職務上請求に係るものである。

　現に職務上請求で得た情報が利用されたときを端緒とすることが多いが、最近では自治体によって本人確認制度が設けられており、職務上請求によって戸籍謄本等を取得した事実が本人に通知されることもある。

　「そもそも不当な請求なので、そのための戸籍等の情報取得が違法である」「仮に戸籍等の情報取得と自分にされた請求との関連性が認められたとしても、その必要不可欠なものではない（過剰な情報取得）」「職務上請求書の請求理由が虚偽である」ということで懲戒請求するパターンが多い。弁護士が交付した戸籍等を利用して依頼者自身が相手方に対して直接何らかのアクションをとってしまうこともある。

　ここでは戸籍謄本を例にとるが、職務上請求ができる根拠は戸籍法10条の2第3項以下である。なお、住民票については住民基本台帳法12条の3が根拠規定である。

戸籍法10条の2

　③　第1項の規定にかかわらず、弁護士……は、受任している事件又は事務に関する業務を遂行するために必要がある場合には、戸籍謄本等の交付の請求をすることができる。この場合において、当該請求をする者は、その有する資格、当該業務の種類、当該事件又は事務の依頼者の氏名又は名称及び当該依頼者についての第1項各号に定める事項を明らかにしてこれをしなければならない。

　④　第1項及び前項の規定にかかわらず、弁護士、司法書士、土地家屋

調査士、税理士、社会保険労務士又は弁理士は、受任している事件について次に掲げる業務を遂行するために必要がある場合には、戸籍謄本等の交付の請求をすることができる。この場合において、当該請求をする者は、その有する資格、当該事件の種類、その業務として代理し又は代理しようとする手続及び戸籍の記載事項の利用の目的を明らかにしてこれをしなければならない。

一　弁護士にあつては、裁判手続又は裁判外における民事上若しくは行政上の紛争処理の手続についての代理業務（弁護士法人については弁護士法（昭和24年法律第205号）第30条の6第1項各号に規定する代理業務を除き、弁護士・外国法事務弁護士共同法人については外国弁護士による法律事務の取扱い等に関する法律（昭和61年法律第66号）第80条第1項において準用する弁護士法第30条の6第1項各号に規定する代理業務を除く。）

（略）

⑤　第1項及び第3項の規定にかかわらず、弁護士は、刑事に関する事件における弁護人としての業務、少年の保護事件若しくは心神喪失等の状態で重大な他害行為を行った者の医療及び観察等に関する法律（平成15年法律第110号）第3条に規定する処遇事件における付添人としての業務、逃亡犯罪人引渡審査請求事件における補佐人としての業務、人身保護法（昭和23年法律第199号）第14条第2項の規定により裁判所が選任した代理人としての業務、人事訴訟法（平成15年法律第109号）第13条第2項及び第3項の規定により裁判長が選任した訴訟代理人としての業務又は民事訴訟法（平成8年法律第109号）第35条第1項に規定する特別代理人としての業務を遂行するために必要がある場合には、戸籍謄本等の交付の請求をすることができる。この場合において、当該請求をする者は、弁護士の資格、これらの業務の別及び戸籍の記載事項の利用の目的を明らかにしてこれをしなければなら

> ない。

　日弁連は、「戸籍謄本等請求用紙の使用及び管理に関する規則」により、職務上請求のルールを定めている。余談であるが、弁護士でなくなったときや業務停止1か月を超える業務停止、退会命令、除名の懲戒処分を受けたときは、職務上請求書用紙を返還しなければならないことになっている。

　弁護士がした職務上請求を正当化するには、これらの条文解釈に当てはめていかなければならない。

　行政は形式的な書面審査しか行わないため、「受任している事件又は事務に関する業務を遂行するために必要がある場合」をある程度形式的に解釈してくれる。

　もちろん、役所がその職務上請求を認めて送ってくれたから正当だとはいえないので、弁護士としては「取得してしまった」情報の正当性についてある程度実質的に弁明していく必要があろう。

　次に掲げるような観点で弁明書を作成していくことになる。

- ・受任事件が真実存在しているのか
- ・受任事件又は法律事務の具体的内容
- ・受任事件等遂行のための職務上請求の必要性
- ・職務上請求書記載の法律事務等と実際に行った事務の同一性（途中で変わったのであればその経緯）、関連性

（3）秘密保持合意、口外禁止条項違反

　訴訟内外で示談や和解を行う場合、ビジネス上の問題であったり、男女間の問題であったりするようなときには、相手方との間で秘密保持合意や口外禁止条項を付けることは日常的に行われている。このような秘密保持合意が合意形成の条件であったり動機となっていたりしているため、相手方としては非常にナーバスになる。

　こうして秘密と指定された情報を、第三者に口外したとされたり、SNS
等で書き込んだり、自身のHPや経歴等でうたったりすると、秘密保持合意
違反であると懲戒請求されることがある。

　行為態様にかなりのバリエーションがあるため、汎用的な基準を用意する
ことはなかなか困難であるが、次のようなとっかかりをヒントに弁明を組み
立てたい。

- ・秘密保持合意をするに至った経緯、秘密の範囲
- ・問題にされている言動の意味、解釈
- ・当該言動に至った背景、動機、本件合意との関連性
- ・当該言動から秘密を推知できるか否か
- ・推知できる人の範囲、実害の有無、程度

（4）不必要なプライバシー情報の主張

　他の手段があるはずなのにわざわざ職場に内容証明を送ってきた、不貞相
手の配偶者にわかるように不貞の慰謝料請求をしてきたなど、不必要にプラ
イバシー情報を侵害された、という懲戒請求は以前からある。特に離婚や不
貞の慰謝料請求等でよくみられがちな類型である。プライバシーに関する意
識の高まりとともに、SNSが発達して、以前であれば接することのない人
たち同士が接するようになったため、以前よりもプライバシー問題について
神経を使う場面が増えたともいえる。

- ・他にとり得る手段がなかったか（相対的に勤務先の方が適当であったの
  であればその根拠）
- ・「親展」等本人以外が閲覧しないようにするための工夫の有無
- ・文面自体にプライバシー情報を記載しないなどの工夫
- ・通知の回数や分量などの頻度

〈3〉 品のない言動・侮辱・名誉毀損

　相手方との交渉や電話の応答、書面のやりとりなど、ヒートアップしてしまう例がよくみられる。過去の懲戒例をみると、結果を出さなければいけない示談交渉で思ったような流れになっていない場合、相手方の属性を好ましく思っていない場合、相手方にも非があると考えているような場合、相手方自身がヒートアップしてきてしまう場合、自己の矛盾や弱みを突かれたような場合など、感情的な表現が出てしまう場面はある程度類型化できるように思われる。

　この類型については方針も含めて慎重に判断したい。そうした言動をした自分自身で判断するのは危険であり、第三者の意見を聞きながら対応した方がよい場合も多いと思われる。

- ・言動自体を認めるのか争うのか
- ・認める場合（又は別の発言であったと認める場合）、その意味合い、その相手方

　　※一般人からみて合理的な解釈でなければならない。無理のある解釈はかえって有害かもしれない。

- ・頻度
- ・当該言動が出てきた背景
- ・その後のやりとり（特に謝罪や撤回、回復行為）、関係

〈4〉 直接交渉

（1） 想定される具体的な事案

　双方に代理人が就いているにもかかわらず、代理人を通さずに直接相手方と接触をした。

（2）懲戒の根拠となる規定

　職務基本規程52条は、「弁護士は、相手方に法令上の資格を有する代理人が選任されたときは、正当な理由なく、その代理人の承諾を得ないで直接相手方と交渉してはならない。」と規定している。いわゆる直接交渉の禁止である。

　本条の趣旨は、まず、①一方の当事者の代理人が、他方の代理人に無断で、直接相手方本人と交渉したとすれば、それは相手方が代理人を選任した意味を失わせることとなり、相手方を不利益に陥れるおそれが大きいので、この相手方本人の代理人依頼権を侵害することがないようにすることにある。そして、この趣旨に付随して、②相手方本人に直接交渉する行為は、相手方代理人とその依頼者の信頼関係をゆるがせるおそれがあり、代理人間の信義及び公正の精神にもとるだけでなく相手方代理人の職務の妨害となるおそれもある行為なので、これを防止することも指摘されている（日弁連倫理委員会・注釈倫理〈補訂版〉189頁）。

（3）法令上の資格を有する代理人

　弁護士のほか、事件の内容や金額により、外国法事務弁護士（外国弁護士による法律事務の取扱いに関する法律3条〜8条）、司法書士（司法書士法3条1項6号、7号）、弁理士（弁理士法4条2項1号、2号）等一定の範囲で業として代理人として交渉をすることが法令上認められている者がこれに当たる。職務基本規程52条は、法令上の資格を有する代理人が選任された場合の規定であるから、民法上の代理権を付与された者がいる場合の関係は、本条の規定するところではない。

（4）相手方代理人の承諾

　職務基本規程52条は、相手方代理人の承諾があれば適用されないが、承諾の方式については特に定めていないから、書面に限らず、口頭の承諾であっ

てもよい。どこまでの直接交渉をすることを認めたのかは、個別の承諾の内容により判断される。相手方代理人が代理人としての活動を継続しながら相手方本人との直接交渉を承諾する場合には、相手方が交渉の代理を依頼した趣旨に照らし、認められる直接交渉の範囲も自ずから限定されたものとなるのが普通であろう（日弁連倫理委員会・解説職務基本規程〈第3版〉154頁）。

（5）相手方との直接交渉

　「交渉」の方法は特に限定されておらず、面談のほか、電話をすること、メールをすること、文書を送付すること等を含む。一定の法律効果を発生させるため相手方本人に対して行う一方的な通知（契約を解除する旨の通知等）は、職務基本規程52条に規定する直接交渉には該当しない。

　本条は、交渉に至らない連絡、書簡資料の送付を禁止していないが、一方的に連絡し、又は資料を送付する行為であっても、それが直接交渉の手段として行われるときは、本条の対象となると解される。

　相手方本人からその代理人を介することなく直接交渉を求められることもある。このような場合、代理人を介さないことの不利益を相手方が甘受しているものと考えることもできるが、相手方本人が自分の不利益を客観的に認識できないことがあるだけでなく、相手方代理人を除外する点で代理人間の信義及び公正の精神にもとることにもなるので、応ずるべきではないと解すべきである（日弁連倫理委員会・注釈倫理〈補訂版〉189頁、日弁連倫理委員会・解説職務基本規程〈第3版〉155頁）。

（6）正当な理由

　相手方代理人の承諾を得ないで相手方本人と直接交渉をすることが認められるための「正当な理由」がある場合とは、直接交渉する緊急性・必要性があり、相手方本人にことさら不利益を与えるおそれも少ないと認められる場合をいう。相手方代理人の事情により長期にわたり連絡がとれない場合、相

手方代理人が懲戒処分に相当するような不適切な職務遂行をしている場合、度重なる連絡にもかかわらず相手方代理人が回答をせず、それが相手方本人の意思に基づくものでないと考える合理的な事情がある場合等は、直接交渉する正当な理由がある場合に該当すると解される。

　職務基本規程52条は相手方代理人が適切に職務を遂行することが期待されていることが当然の前提となっていると解されるので、相手方代理人が当該事案の交渉において適切な反応をしない場合には、その事情が「正当な理由」の有無の判断の１つの要素になると考えられる（日弁連倫理委員会・解説職務基本規程〈第３版〉155頁）。

（7）具体的対応

- ・（相手方代理人が弁護士でない場合）その資格、当該事案において代理人の資格がある根拠
- ・（相手方代理人が弁護士である場合）代理権（受任）の範囲（民事上の代理人が必ずしも刑事事件の受任をしているとは限らず、事案によっては直接本人とやりとりをすることが許される場合もある）、当該弁護士に対する代理権の範囲の確認の有無
- ・相手方代理人の承諾の有無、範囲
- ・相手方本人とのやりとりの内容（交渉に至る程度のものか否か）
- ・正当な理由の有無（緊急性、相当性、相手方代理人の関与等）

■〈5〉不適切な請求

　職務基本規程31条は、「弁護士は、依頼の目的又は事件処理の方法が明らかに不当な事件を受任してはならない。」と定めている。過去の懲戒例においては、連帯保証債務及び遅延損害金の請求を行い、それが履行によって消滅したことが訴訟上確定した後で、それまで主張していなかった約定利息を持ち出して法定充当を行って計算し直すと残債務が存在するとして請求した

事例（後に審査請求により処分取消し）、訴訟上、株主でないことを確定した後で、株主であることを前提にした主張を行った事例など、従前の弁護士の行為と矛盾するような請求や主張をしたことが、不当な蒸し返しに当たるとして処分された事案がある。

　このような主張に至る背景として、従前の主張が認められなかった依頼者の強い意向によるものであることが推察される。このような立場に置かれたとき、行為規範としては、従前との主張の矛盾をよく検討するべきといえる。仮に論理的には成り立つとしても、信義則上、あるいは禁反言の観点から、通るべき主張かどうかを考えて、慎重に対応するべきということになろう。

　既にしてしまった行為について懲戒請求がなされた場合、次のような観点から検討をしていくことになる。

・従前の行為との矛盾の有無（本当に矛盾する内容かどうか）

・従前の行為と今回の行為との間の事情変更の有無（前提事実に変動があれば、判断も変わってくる）

・その後の主張の修正、撤回の有無

・その他、このような主張が許される理由、やむを得なかった理由

　先述した日弁連における処分取消しの事案においては、原単位会では自己の主張の正当性に固執して戒告の処分がなされてしまったが、審査請求の段階においては、その主張が適切でなかったことを反省するに至ったという事後的な要素を評価して、処分取消しがなされている。

　事後的な事情が評価されることがあり得るため、主張を改めて見直すという態度も、懲戒手続における対応としては重要かもしれない。

（第3章2：伊藤　諭）

3 第三者からの懲戒請求

〈1〉 プライベートのモラル関係

（1） 想定される具体的な事案

　Twitter において性的な印象を与える発言をしたところ、それを見ていた第三者より懲戒請求をされた。

（2） 懲戒処分の根拠となる規定

　職務基本規程 6 条は「弁護士は、名誉を重んじ、信用を維持するとともに、廉潔を保持し、常に品位を高めるように努める。」と規定している。

　同条の趣旨は、弁護士が基本的人権の擁護と社会正義の実現という使命を果たし、「法の支配」を社会の隅々にまで行き渡らせる役割を果たすためには、国民からの信頼と支持が何よりも重要であるとして、国民からの信頼と支持を得るための手段として、弁護士については、自他の名誉を重んじつつ人格的にも国民の信頼を受けるに足る廉潔を保持し、常に品位を高める努力を怠ってはならないという心構えを定めた努力規定であるとされている。

　同条における「名誉」とは弁護士自らの名誉だけでなく、依頼者や他の弁護士の名誉も含むものとされている（職務基本規程70条）。また、規程上明示をされていないが、本件に関する懲戒処分の実例をみるに、名誉の対象としては依頼者だけではなく相手方も含むものであると考えておいた方が安全であろう。

　また、「廉潔の保持」には「清廉潔白」を意味するとされている（日弁連倫理委員会・注釈倫理〈補訂版〉40頁）が、職務基本規程 6 条においては、人間的にも国民からの信用を受けるに足る高潔な人格を有していることとの趣旨で用いられているとされている。

　「品位」については弁護士法 2 条の「弁護士は、常に、深い教養の保持と

119

高い品性の陶やに努め、法令及び法律事務に精通しなければならない」との
規定を受けたものである。

（3）検討要素・考慮要素

　SNS に対する投稿を理由として懲戒処分がなされた具体的な事案として
は、認定司法書士との交渉中に Twitter において「法律家ではない素人の司
法書士」という投稿をした例がある。もっとも同事案は相手方代理人である
認定司法書士との交渉の段階においても「弁護士なら相手もしますが」と直
接本人に対して連絡をするともとれる表現がなされていたことも加味されて
いる。

　この他にも自己が運営するブログにおいて相手方の社会的評価を低下させ
る投稿をした事案、記者会見において独自の見解に基づき相手方が殺人を犯
したかのような発言をした事案、自己の投稿に批判的なツイートをした相手
方に対し侮辱的な人身攻撃を内容とするツイートを行った事案などについて
懲戒処分がなされている。

　対して、SNS に対する投稿につき懲戒請求がなされたものの懲戒処分に
至らなかった事案としては、Twitter に「金払わん奴はタヒね」「弁護士費
用を踏み倒すやつはタヒね」「正規の金が払えない言うなら法テラス行きな
さい」などと投稿した事案において、単位会においては戒告処分となされた
ものの日弁連において処分が取り消された事案や、Twitter に「おっぱい、
おっぱい！」などと投稿した事案において、綱紀委員会においては審査相当
と判断されたものの、懲戒委員会において懲戒処分の必要性はないと判断さ
れた事案などが存在している。

　上記懲戒処分がなされた事案と懲戒処分がなされなかった事案を比較する
に「特定個人を対象とする発言」については懲戒処分相当の方向に判断され
やすくなり、「特定個人を対象としない発信」については表現の自由や SNS
というプラットフォームの特性からも懲戒処分不相当の方向に判断されやす

くなると考えられる。「タヒね」の事案は単位会では特定個人に対して発信したものと認定されているのに対し、日弁連においては「特定個人に対するものではなく、個人を特定しないで発信がなされている」と判断され懲戒不相当となったことも判断基準の裏付けになると思われる。

　筆者自身も事件の相手方本人から「Twitterにおいて『喪服もののAV』という性的な単語を使った発言をしている」ことを理由とする懲戒請求を受けた経験があるが、同投稿については「本件投稿内容全体は、被調査人の弁護士の職務とは無関係の投稿であり、特定の誰かに向けられた言葉でもなく、単に被調査人の備忘メモのつぶやきにすぎないものである」として懲戒しない旨の決定が出されている。これも「特定の誰かに向けられたものではない」という点を考慮材料としていることから、発言が特定個人を対象としているか否かは判断要素として重要と思われる。

（4）具体的な主張

　そもそも、弁護士は弁護士法23条及び職務基本規程23条に基づき秘密保持義務を負っている。したがって、弁護士は現に担当している事件及び過去に担当していた事件については基本的にはオンライン上に公開すべきではない。職務基本規程23条は「依頼者」の秘密を守る義務に限定しているが、弁護士法23条にはかかる限定は規定されていない。

　対して、弁護士であっても自分の意見を述べる表現の自由は保障されている。当該発言が、特定の個人の名誉を侵害する等の場合を除いて、原則として自由であるべきだろう。また、発言内容を判断するに当たってはその発言がなされたプラットフォームの性質、その発言がなされるまでの経緯、相手がいる場合はその相手とのやりとりの内容も考慮する必要がある。

　そのため、SNSにおける発言やインターネット上の投稿を理由とする懲戒請求に対しては、当該SNSやプラットフォームの性質、当該発言に至るまでの経緯や相手方や第三者とのやりとりの有無及び内容、当該発言が特定

個人を対象としたものではない事実又は特定個人を対象としたものであっても名誉等を侵害するものではないことなどを主張していくことになろう。SNSごとにどのような特殊性や文化があるのかという点についても綱紀委員又は懲戒委員ごとに理解がまちまちであることからすれば、SNSの説明についても手間を惜しむべきではない。

　他方、実際に発言に問題があった場合においては、上記の主張を行うとともに速やかに当該投稿を削除し、懲戒請求者との間での和解も検討するべきである。弁護士も人間である以上口（筆）が滑るという事態の発生を完全になくすことは難しいことからすれば、可能な限り早い時点でのリカバリーを図るべきである。

（第3章3：北　周士）

4 弁護士会による懲戒請求(いわゆる会請求・会立件)

　弁護士会による懲戒請求（いわゆる「会請求・会立件」）は、弁護士法58条2項に基づくものであり、通常の懲戒請求と手続が異なる。対象弁護士について懲戒不相当との結論になった場合であっても、弁護士会は異議の申出はできないとされている（弁護士法64条1項は58条2項を受けていない）。

　弁護士会が会請求をする場合、多くの弁護士会において会則上「懲戒に関する事項」が常議員会の所轄事項となっており、「懲戒の事由があると思料するとき」の判断を常議員会が行うことになっている。

　「懲戒の事由があると思料するとき」の内容として、綱紀委員会が懲戒事由を認定する場合よりも高い心証を要するとは考えられないものの、少なくとも常議員会において懲戒請求事由が存在する蓋然性が高いと判断されるものであることが前提となっている。

　会請求がなされる典型例としては、会費未納、業務停止期間中の業務、研修の未履修、届出の懈怠、二重事務所などが挙げられる。

　これらの会請求が行われた場合、事案の性質上、事実関係自体が争いになることは少ないであろう（もし、事実と異なるのであれば、もちろん争う必要はある）。情状面によるより軽い量定の処分を求めていくことが事実上の争点になると考えられる。

〈1〉 会費未納

　会費の未納は、業務停止以上の処分になることが多く、事案によっては退会命令になる例も散見される。

　当然のことながら、もっとも重要な要素は滞納期間、滞納額である。これに加えて、滞納の全部若しくは一部を解消したか、弁護士会からの督促に誠実に対応したか、といった点が量定に大きく考慮されている。

　懲戒請求されたときにまず考慮するべきは、滞納の解消であり、金策を試みる必要がある。

　もっとも、弁護士としても、そのようなことは指摘されなくとも当然に考えているであろうし、仮に無理な借入れなどをした後、業務停止となった場合、業務停止期間中も会費の納入義務は存続するわけであるので、果たして弁護士業務を継続するべきかどうかも考え直す必要もあるかもしれない。

〈2〉業務停止期間中の業務

　業務停止期間中の業務については、再度の業務停止になる可能性が高く、今後の弁護士業務の継続にも大きく影響しかねない。

　考慮するべき要素としては、

・行ったとされる業務の弁護士業務性

・行った業務の重要性（連絡程度のものから、訴訟行為そのものまであり得る）

・行為の相手（依頼者、相手方、裁判所等）

・行為の時期、期間（業務停止処分直後なのか、しばらく経ってからか）

・他の非行行為の有無

辺りであろう。

〈3〉研修の未履修

　弁護士会においては倫理研修の履修が義務となっている。

　過去の懲戒事例をみても、単に倫理研修を受講しなかったというだけでなく、倫理委員会から研修に参加しない理由書や弁明書の提出を命じられたり、会長からの勧告書により３回勧告されたにもかかわらず履修しなかったという事例である。

　会請求に至ってしまった場合、１にも２にも早期の研修履修以外にない。そのうえで、早期の履修ができなかった合理的な弁明をすることになる。

〈4〉届出の懈怠・二重事務所

　弁護士法20条2項は「法律事務所は、その弁護士の所属弁護士会の地域内に設けなければならない。」、同条3項は「弁護士は、いかなる名義をもつてしても、2箇以上の法律事務所を設けることができない。但し、他の弁護士の法律事務所において執務することを妨げない。」と定める。

　所属事務所を退職したにもかかわらず、登録事項変更の届出をしていないケースや、別の事務所、特に地域外で業務をしてしまっているケースが散見される。また、法律事務所以外の場所で弁護士以外の業務や会社経営などをしている場合なども、判断が難しいケースがある。テレワークなどの普及で、今後この問題が顕在化するかもしれない。

　複数事務所の判断基準としては、実質的側面と形式的側面の2つの面から考察する必要があるとされる（日弁連調査室・条解弁護士法〈第5版〉157頁）。

　実質面としては、届出事務所とは別個に、法律事務を行うべき場所としての実態を有する場合は、法律事務所という表示がなされていると否とにかかわらず、複数事務所の禁止に違反する。依頼者が出入りし、その場所のみで法律事務処理を行う機能を有している施設を届出事務所とは別個に設置すれば、複数事務所の設置になると考えられる。

　形式面として、その表示方法等の外観から判断して届出事務所とは別個に法律事務所が設置されたとみられる場合も、それが法律事務を行うべき場所としての実態が存すると否とにかかわらず、複数事務所の禁止に抵触するとされる。

　なお、「執務場所」としては特段の制約はない。弁護士法20条3項ただし書は、「当然のことを規定したにすぎない」と解されている。

　すなわち、二重事務所を疑われたときは、届出事務所以外の場所が、法律事務所として、実質的にも形式的にも実態を備えておらず、単なる「執務場

125

所」にすぎない、との争い方はあり得る。

　法律事務所としての実態を争う場合でもそうでない場合でも、懲戒請求に
かかる実態を速やかに解消する方が望ましいのはいうまでもない。

　　　　　　　　　　　　　　　　　　　　　　　　　（第3章4：伊藤　諭）

第4章 ｜ サンプル書式（弁明書）

1 依頼者からの懲戒請求

〈1〉受任事件の遅滞・放置

2023年（綱）第○号
対象弁護士　○○　○○

弁　明　書

令和　　年　　月　　日

△△弁護士会　綱紀委員会　御中

対象弁護士　○○　○○

第1　弁明の趣旨
　　対象弁護士につき、懲戒委員会に事案の審査を求めないことを相当とするとの議決を求める。

第2　弁明の理由
　1　懲戒請求事由の要旨
　　　本懲戒請求は、対象弁護士が懲戒請求者より債務整理、破産の申立てを事件として受任したものの、受任から1年間が経過した時点において破産の申立てが完了していないことを理由として事件処理の遅滞、放置を理由として懲戒の申立てがなされたものである。

　2　懲戒請求事由に対する認否・反論

127

　　　対象弁護士が懲戒請求者との間において○年○月○日付で債務整理の
　　依頼を受けた事実及び事件処理の方向として破産の申立てを行うことに
　　なった事実は認める。
　　　懲戒請求申立ての時点において破産の申立てが完了していない事実は
　　認める。破産の申立てが完了していない事実が弁護士職務基本規程35条
　　に違反し、弁護士としての品位を害する非行に該当するとの主張は争
　　う。

3　本件の事情及び事実経過について
　　　本件において事件の受任から1年近く経過した現時点において破産の
　　申立てが完了していない理由としては、以下の事情及び事実経過が存在
　　する。
　(1)　債権者との関係において
　　(ｱ)　債務の調査に相当の時間が必要となる事案であったこと
　　　　…。
　　(ｲ)　債権者が多数に及ぶ事案であったこと
　　　　…。
　　(ｳ)　事後的に判明した債権者が存在したこと
　　　　…。
　　(ｴ)　債権者から債権の存否についての回答がなされなかった又は遅れ
　　　　たこと
　　　　　…。
　　(ｵ)　その他
　(2)　依頼者（懲戒請求者）の協力が得られなかったこと
　　(ｱ)　事件の進捗については懲戒請求者に対し適宜報告をしていたこと
　　　　…。
　　(ｲ)　懲戒請求者に対し必要資料の提出を求めていたこと
　　　　…。
　　(ｳ)　懲戒請求者に対し回答を求めていたこと
　　　　…。
　　(ｴ)　対象弁護士は懲戒請求者に対し適切な督促をしていたこと
　　　　…。
　　(ｵ)　その他

4 対象弁護士の行為は弁護士職務基本規程に違反しないこと

(1) 弁護士職務基本規程35条は「弁護士は、事件を受任したときは、速やかに着手し、遅滞なく処理しなければならない」と規定している。もっとも、弁護士が受任する事件は同一類型の事件であっても多様であり、弁護士職務基本規程82条1項が「この規程は、弁護士の職務の多様性と個別性にかんがみ、その自由と独立を不当に侵すことのないよう、実質的に解釈し適用しなければならない」と規定していることからしても、「遅滞なく」の判断においては当該事件の類型だけでなく当該事件の個別具体的な事情も考慮して判断する必要がある。

(2) そして上記本件の事情及び事実経過からすれば、本件は懲戒請求者の債務の把握に困難性が存在する事案であるとともに、懲戒請求者の協力が得られていない事案でありかつ対象弁護士は必要な報告を懲戒請求者に行うとともに懲戒請求者に対し資料等の提出を求めていたのであるから、対象弁護士としては本件を遅滞なく適切に処理をしていたものである。

第3 結論

以上のとおり、本件懲戒請求事由については、弁護士職務基本規程に違反するものではなく、弁護士の品位を失うべき非行に該当せず、懲戒委員会に事案の審査を求めないことが相当である。

以上

129

〈2〉 法的手続の誤り・調査不足

2023年（綱）第○号
対象弁護士　　○○　○○

弁　明　書

令和　　年　　月　　日

△△弁護士会　綱紀委員会　御中

対象弁護士　　○○　○○

第1　弁明の趣旨

　　対象弁護士につき、懲戒委員会に事案の審査を求めないことを相当とするとの議決を求める。

第2　弁明の理由

　1　懲戒請求事由の要旨

　　本懲戒請求は、対象弁護士が懲戒請求者より、懲戒請求者が代表取締役及び多数派株主を務める会社（以下「本件会社という」）の他の取締役（以下「対象取締役」という）の解任について相談を受けたことから、株主総会を開催し対象取締役の解任決議をする旨の指導を行ったところ、対象取締役は株主総会の時点において既に任期を満了し取締役権利義務者となっており、株主総会における解任手続が認められず、本件会社が対象取締役より解任決議後の役員報酬の支払を求められたことについて、対象弁護士に法令及び事実関係の調査の不足があった旨の懲戒請求がなされている事案である。

　2　懲戒請求事由に対する認否・反論

　　対象弁護士が懲戒請求者より対象取締役の解任に対する依頼を受けた事実は認める。株主総会を開催し、対象取締役の解任決議をするように指導をした事実は認める。株主総会の時点において対象取締役が取締役

権利義務者となっていた事実は認める。本件会社が対象取締役より解任決議後の役員報酬の支払を求められている事実は認める。

　対象弁護士に事実の調査の不足があった事実及び法令調査の不足があったとの主張については争う。仮に対象弁護士に事実の調査及び法令調査の不足があった場合であっても、本件の事実関係下においては、対象弁護士の行為は弁護士としての品位を害するとまではいえず、懲戒をするには当たらない。

3　懲戒請求事由について
　(1)　対象弁護士が、対象取締役が既に取締役権利義務者であるという事実の調査を怠り、その結果として、懲戒請求者の再任決議ではなく対象取締役の解任決議を行うよう指導したことが、弁護士職務基本規程37条2項に違反する。
　(2)　対象弁護士が、取締役権利義務者につき株主総会における解任決議ではその地位を喪失させることができず、株主総会において再任決議をするべきであったのに、株主総会において解任決議を指導したことが、弁護士職務基本規程37条1項に違反する。

4　弁護士職務基本規程37条2項違反の主張について
　(1)　事実関係の調査については「必要かつ可能」な範囲で行うべきものとされている。本件においては、懲戒請求者から対象弁護士に対しては既に対象取締役及び懲戒請求者らの任期が満了している旨の説明はなく、また本件会社の定款も提示されていない。
　(2)　もっとも、対象弁護士は懲戒請求者に対し、本件会社の定款の提出を求め、かつ本件会社の全部事項証明書を確認することにより対象取締役の任期については確認が可能であったことからすれば、この点において対象弁護士には事実関係の調査を怠ったと評価されてもやむを得ない。
　　　かかる点について、対象弁護士は懲戒請求者に対し事実確認が不足していた事実を告知し、謝罪をしており、後述のように懲戒請求者からも示談に応じる旨の回答を得ている。

5　弁護士職務基本規程37条1項違反の主張について
　(1)　取締役権利義務者の解任の可否についての最高裁判決が出されたの

は本件相談の直前であったこと

　　　…。

　(2)　前記最高裁判例は本件とはその射程を異にすること

　　　…。

　(3)　取締役権利義務者を株主総会で解任することができるとの見解が存

　　在したこと

　　　…。

6　品位を害する非行とまでは評価できないこと

　(1)　対象弁護士の過失が小さいこと

　　　仮に懲戒請求者に法令調査の不足が存在するとしても、前述のよう

　　に根拠となる最高裁の判断は本件の直前に出されたものであることに

　　加え、その対象となる射程も必ずしも本件とは同一ではない。

　　　そのため、対象弁護士の過失は大きいものではなく、法令調査の不

　　足が存在するとしても弁護士としての品位を害するとまではいえな

　　い。

　(2)　被害弁償及び示談がなされていること

　　　本件会社に対しては弁護士賠償責任保険から被害弁償の支払がなさ

　　れており、その支払をもって対象弁護士と本件会社との間においては

　　示談が成立している。

　　　したがって、本件においては懲戒請求者及び本件会社において金銭

　　的な損害は発生しておらず、かかる点でも対象弁護士において弁護士

　　として品位を害する非行が存在するとまではいえない。

第3　結論

　　以上のとおり、本件懲戒請求事由については、弁護士職務基本規程に違

　反するものではなく、仮に対象弁護士において弁護士職務基本規程違反が

　存在するとしても、前記事実関係からすれば対象弁護士には弁護士の品位

　を失うべき非行までは存在しておらず、懲戒委員会に事案の審査を求めな

　いことが相当である。

　　　　　　　　　　　　　　　　　　　　　　　　　　　　　　　以上

　　　　　　　　　　　　　　　　　　　　　　（第4章1：北　　周士）

2 相手方からの懲戒請求

〈1〉 品のない言動・侮辱・名誉毀損

2023年（綱）第○号
対象弁護士　○○　○○

弁　明　書

　　　　　　　　　　　　　　　令和　　年　　月　　日

△△弁護士会　綱紀委員会　御中

　　　　　　　　　　　　対象弁護士　○○　○○

第1　弁明の趣旨
　　対象弁護士につき、懲戒委員会に事案の審査を求めないことを相当とするとの議決を求める。

第2　弁明の理由
　1　懲戒請求事由の要旨
　　本懲戒請求は、対象弁護士が依頼者の代理人として、懲戒請求者に対して依頼者の妻との不貞に基づく慰謝料請求を行ったところ、その交渉時における対象弁護士の言動が弁護士の品位を失うべき非行に当たるというものである。
　⑴　懲戒請求事由1
　　　懲戒請求者は、令和○年○月×日、対象弁護士が電話で「金払え、こら！」などと怒鳴ったことが、弁護士職務基本規程5条及び同6条に違反するというものである。
　⑵　懲戒請求事由2
　　　懲戒請求者は、令和○年○月□日、懲戒請求者が不貞の事実を否認し、交渉を断っているにもかかわらず、対象弁護士は複数回にわたり懲

戒請求者に対して電話をかけ、何度も金員の支払を求め、応じなけれ
ば懲戒請求者の勤務先に伝えると迫ったことが、弁護士職務基本規程
５条及び同６条に違反するというものである。

2　対象弁護士の弁明
(1)　懲戒請求事由１について

否認ないし争う。

対象弁護士がそのような発言をした事実はない。懲戒請求者から
「私に金払えというのですか」と感情的に質問されたことに対して、
対象弁護士が「当方からの連絡はそのような趣旨です。」と答えたこ
とを、あたかも対象弁護士が自ら上記の発言をしたかのように主張し
ているだけである。なお、対象弁護士はつとめて冷静に対応してい
る。

(2)　懲戒請求事由２について

否認ないし争う。

対象弁護士が懲戒請求者に電話をかけたのは２度だけである。対象
弁護士は、依頼者からは懲戒請求者の情報として携帯電話の番号及び
勤務先しか教えられておらず、交渉としては同番号に架電するしか方
法がなかった。今後、懲戒請求者との交渉がまとまらず、訴訟を選択
せざるを得なくなった場合には就業場所送達を選択することになる、
という可能性を伝えたにすぎず、懲戒請求者の勤務先に上記不貞の事
実を伝える意図は全くない。

3　懲戒請求に至る背景

懲戒請求者が本懲戒請求にいたる背景としては次のような事情があ
る。

（略）

第3　結論

以上のとおり、本件懲戒請求事由については、いずれも弁護士の品位を
失うべき非行に該当せず、懲戒委員会に事案の審査を求めないことが相当
である。

以上

（第４章２：伊藤　諭）

3 第三者からの懲戒請求

〈1〉 プライベートのモラル関係

2023年（綱）第〇号

弁　明　書

令和　年　月　日

〇〇弁護士会　綱紀委員会　御中

対象弁護士　弁護士　〇〇　〇〇

第1　弁明の趣旨

　　対象弁護士につき、懲戒委員会に事案の審査を求めないことを相当とするとの議決を求める。

第2　弁明の理由

　1　懲戒請求事由の要旨

　　本件懲戒請求は、対象弁護士の Twitter に対する「喪服もののAV」との内容を含む投稿（以下「対象行為」という）が性的な印象を与えるものであり、弁護士としての品位を失う行動に該当し、懲戒事由に該当するとの主張である。

　2　懲戒請求事由に対する認否・反論

　　SNS（Twitter）に対象行為の投稿がされている事実は認める。品位を失う行動として懲戒事由に該当するとの主張は争う。

　3　対象弁護士の主張

　（1）　Twitter のシステムについて

　　　…。

　（2）　Twitter の性質について

　　　…。

　(3)　対象行為の内容について

　　ア　懲戒請求者は「喪服もののＡＶ」との記載が「性的な単語」を
　　　使った発言であり、弁護士としての品位を失う言動であると主張し
　　　ている。

　　イ　対象行為は懲戒請求者を含む特定の誰かを対象として発信された
　　　ものではないこと
　　　　…。

　　ウ　対象行為は弁護士としての業務上の立場から発信されたものでな
　　　いこと
　　　　…。

　　エ　Twitter の性質について
　　　　…。

　　オ　表現の自由の観点について
　　　　…。

第3　結論

1　上述のように、本件懲戒請求においては、対象弁護士には懲戒事由が
　存在しない。

2　よって、本件懲戒請求については、懲戒委員会に事案の審査を求めな
　いことが相当である。

以上

（第4章3：北　周士）

補章 ｜ 懲戒請求者に対する損害賠償請求について

1 懲戒請求が不法行為に当たる要件

　いいがかりとしか思えない懲戒請求をされた場合、思いつくのは損害賠償請求であろう。非常に腹立たしい思いはよく理解できるところではあるが、方針を見誤ってしまうとわざわざ自分から紛争を長期化させてしまい、挙げ句に敗訴することになりかねない。よくよく冷静に検討したい。

　懲戒請求が不法行為に当たるかどうかは、「〔弁護士法58条１項に〕基づく懲戒請求が事実上又は法律上の根拠を欠く場合において、請求者が、そのことを知りながら又は通常人であれば普通の注意を払うことによりそのことを知り得たのに、あえて懲戒を請求するなど、懲戒請求が弁護士懲戒制度の趣旨目的に照らし相当性を欠くと認められるときには、違法な懲戒請求として不法行為を構成すると解するのが相当である」（最判平成19年４月24日民集61巻３号1102頁〔28131155〕）という最高裁が示した規範が判断基準となる。

　すなわち、

　①懲戒請求が【事実上の根拠を欠く】or【法律上の根拠を欠く】場合

　かつ

　②請求者が、【そのことを知りながら】or【通常人であれば普通の注意を払うことによりそのことを知り得たのに】

　かつ

　③あえて懲戒を請求する

ことが、事実上、損害賠償請求が認められる要件となっている。規範上は、

「など、懲戒請求が弁護士懲戒制度の趣旨目的に照らし相当性を欠くと認められるとき」という例示となっており、その他の「懲戒請求が弁護士懲戒制度の趣旨目的に照らし相当性を欠くと認められるとき」の類型があるようにも読めるが、この要件が当てはまらない類型はかなり特殊な事案であろうと思われるので、「損害賠償請求をするべきかどうか」の判断にはあまり馴染まないであろう。

　訴訟提起をするに当たっては、単に「理由のない懲戒請求だ」というだけでは足りず、上の要件をクリアする必要があるが、このハードルは決して低いものではない。

2 訴訟提起のタイミング

　懲戒請求が不法行為に当たる要件から考えるに、少なくとも綱紀委員会の議決を待って訴訟提起したい（綱紀委員会において「懲戒委員会に事案の審査を求めることが相当」との議決がされてしまえば、事実上不法行為の要件を満たさなくなってしまう）。

　そうすると気になるのが消滅時効期間である。裁判例の中には、消滅時効の起算日は早くとも綱紀委員会から本件各懲戒請求書の写し等の送付を受けた日と解すべきという事案がある（東京地判令和4年5月27日令和3年（ワ）5324号公刊物未登載〔29071105〕）。なお、それよりも遅い時期（例えば「懲戒しない」との決定があった日）とする裁判例は見当たらず、懲戒請求書の送付を受けた日から3年以内に提起しておいた方が安全であろう。

3 代理人を選任すべきか

　懲戒請求が不法行為に該当する可能性が高い場合、自ら訴訟を提起するか他の弁護士を代理人として選任するか悩むところであろう。弁護士に対する

違法な懲戒請求に対する損害賠償請求においては、事件の性質上原告本人は
すべて弁護士であり、自ら訴訟遂行をすることは困難ではない。また、後述
のように認容される慰謝料の額については必ずしも高額とはいえず、他の弁
護士に依頼をした場合、最終的には回収額よりも弁護士費用の方が多額にな
る可能性も存在している。

　しかしながら懲戒請求者からの答弁書や準備書面を自ら精査するのはかな
りストレスがかかることに加え、当事者として作成する書面はどうしても冷
静さを失いやすく、的確な反論ができないだけでなく新たな懲戒リスクすら
発生し得る。そのため、可能な限り訴訟を提起する際には他の弁護士を代理
人に選任するか、少なくとも助言を仰ぎながら進めるのがよいと考える。

4 裁判例

　懲戒請求が不法行為に当たるとして訴訟になった事案を一例として紹介す
る。事案の性質上、原告が基本的に弁護士であることから、そもそも訴訟提
起に至る段階である程度請求認容の見込みについて保守的な判断がされてい
ると考えられる。

■最判平成19年 4 月24日民集61巻 3 号1102頁〔28131155〕

　上記規範となった事案。原告が代理人として訴訟（別訴）提起した事件に
関し、被告（別訴被告代表者）が「足利支部に提起された別件損害賠償訴訟
は、80歳という高齢であり、視力が微弱で、右眼は失明寸前の状態にある被
告乙山に対して、裁判所への出頭に丸 1 日を要するという耐え難い負担を強
いることになるのに乗じて提起されたものであって、濫訴に類する、……こ
のような訴訟を提起した原告の訴訟行為は、弁護士の品位を損ねるものであ
る」という内容の懲戒請求をした。懲戒しない決定に対する異議の申出も棄
却する裁決がなされたが、本来認められない裁決取消訴訟まで提起した。本

事件においては、別訴代理人で裁決取消訴訟の代理人にもなった弁護士も被告となっている。

　本判決は、上記引用の規範を提示し、被告らの責任を認めた（50万円）。

■東京高判令和４年９月14日令和３年（ネ）4977号公刊物未登載〔28302396〕
（原審東京地判令和３年10月21日令和２年（ワ）29297号公刊物未登載〔28293466〕）

　弁護士である原告（控訴人）らは、マンションの一室の賃貸人から依頼を受け、その代理人として、賃借人である被告に対して賃料増額等を求める通知を行ったところ、被告は、原告らの所属する弁護士会に対し、上記賃料増額は被告の生存権を脅かすものであるなどとして、弁護士法58条１項に基づき、原告らの懲戒を請求した。

　被告はウェブサイトで近隣の賃料相場を調べたり、仲介業者の店舗を訪れ、賃料相場の動向を尋ね、法テラスで弁護士の助言を受けるなどして調査し、本件賃料増額の求めが過大であると判断し、その旨を原告らに対し返答したうえで、本件懲戒請求を行っていることから、被告が本件懲戒請求を行うに当たって、弁護士懲戒制度の趣旨と相容れないような不当な意図を有していた等の事情は、証拠上、何ら見いだすことができないと判断し、原告らの請求を棄却した。

■東京地判令和３年12月17日令和２年（ワ）27065号公刊物未登載〔29068045〕
（原告司法書士、被告行政書士の事案）

　成年後見人であった原告に対し、本人死亡後、相続人と連絡がとれない事情がなかったにもかかわらず相続財産管理人選任申立てを行ったということで、被告が原告の懲戒請求をしたことに対し、原告が被告に対し損害賠償請求をした事案。被告は相続人の一部から相続財産等の引継ぎを委任する旨の委任状を交付されていた者である。なお、原告の司法書士は、本懲戒請求の

調査に協力しなかったという理由で注意勧告を受けた。

　裁判所は、「共同相続人の１人から相続財産の引渡しの請求を受け、対応に窮して東京家庭裁判所に相談の上、手続教示に従って上記〔相続財産管理人選任〕申立てをしたことは、相続財産の管理に慎重を期した行動として十分に理解することができる。以上の点に鑑みると、本件懲戒理由〈２〉は、事実上又は法律上の根拠を欠き、被告において、そのことを知りながら又は通常人であれば普通の注意を払うことによりそのことを知り得るものといえる。それにもかかわらず、被告は、本件懲戒理由〈２〉に関し、民法918条２項の趣旨等について調査、検討を行うこともなく、あえて本件懲戒請求に及んだものと認められるから、本件懲戒請求は、司法書士懲戒制度の趣旨目的に照らして相当性を欠く違法なものであって、不法行為が成立する」と判断し、慰謝料額20万円を認定した。なお、慰謝料の算定に当たっては注意勧告を受けたことは相当因果関係がなく、考慮しないとしている。

5　認容された場合の慰謝料の額

　弁護士に対する懲戒請求が不法行為に該当する場合において認容される慰謝料の額については具体的な事情ごとに異なるが、おおむね30万円〜150万円の範囲であることが多い。ブログ主の扇動により特定の弁護士に対して集団で同一内容の懲戒請求がなされた事案においては、懲戒請求者１名当たりの慰謝料額は地裁段階においては１万円〜33万円、東京高裁においても２万円〜33万円とかなり幅のある認定がなされているが、これは懲戒請求者が極めて多数に及んだことが考慮されていると思われる。

　なお、懲戒請求が不法行為に該当する場合には、慰謝料だけでなく対応が必要となった部分に関する逸失利益等を請求することも可能であると思われるが、立証のためには具体的に対応に使った時間等を客観的に記録しておく必要があろう。

　違法な懲戒請求に対して比較的高額の慰謝料を認定している事案としては、東京地判平成17年2月22日判タ1183号249頁〔28101685〕（慰謝料100万円）、東京地判平成19年6月25日判時1989号42頁〔28140420〕（慰謝料150万円）、東京地判平成22年9月8日平成21年（ワ）20729号公刊物未登載〔28264587〕（慰謝料150万円）、東京地判平成26年7月9日判時2236号119頁〔28224887〕（慰謝料100万円）、東京地判平成28年11月15日平成28年（ワ）1665号公刊物未登載〔29038651〕（慰謝料140万円）などが存在している。

　慰謝料が高額となった事案はすべて事例判断であるものの、考慮要素としては、懲戒請求に加えてさらに非難をした事案（前掲平成17年2月22日東京地判）、懲戒請求の他にも面談を強要し、弁護士の両親宅にまで架電をし、自ら開設しているHPにおいて弁護士に犯罪の嫌疑がある旨掲載した事案（前掲平成19年6月25日東京地判）、ほぼ同内容の複数回の懲戒請求を行っている事案（前掲平成22年9月8日東京地判）、懲戒請求が長期にわたり反復・継続して行われた事案（前掲平成28年11月15日東京地判）となっており、単独の懲戒請求だけでなく違法な懲戒請求等が執拗に行われた事案においては、認容される慰謝料額が高くなる傾向があると思われる。

　そのため、違法な懲戒請求に対し損害賠償請求訴訟を提起する場合においては、単に懲戒請求がされた事実のみを主張するのではなく、懲戒請求者との関係、懲戒請求以外の懲戒請求者の行動、懲戒請求の頻度及び内容、実際の訴訟における懲戒請求者の対応等についても主張をしていく必要があろう。

（補章：伊藤　諭、北　周士）

第2編

紛議調停

第1章 ｜ 紛議調停制度の概要

1 紛議調停制度の趣旨

　弁護士法41条は「弁護士会は、弁護士の職務又は弁護士法人の業務に関する紛議につき、弁護士、弁護士法人又は当事者その他関係人の請求により調停をすることができる」と定めており、同条を受けて職務基本規程26条は「弁護士は、依頼者との信頼関係を保持し紛議が生じないように努め、紛議が生じたときは、所属弁護士会の紛議調停で解決するように努める」と規定している。職務基本規程26条は努力義務である（職務基本規程82条2項）。

　紛議調停制度の趣旨は「弁護士の職務又は弁護士法人の業務に関して紛議が生じた場合、裁判所その他の外部の機関にその解決を求めるのとは別に、弁護士会が自主的に紛議の当事者双方の主張を聞いたうえ、実情に即した円満な解決を図るため、公正妥当な調停をなし得ることとした規定」であるとされている（日弁連調査室・条解弁護士法〈第5版〉383頁）。

　紛議の内容としては弁護士報酬や預り金の清算等の金銭問題のほか、職務の怠慢、弁護過誤、預かった書類の取扱い等広範にわたる（日弁連倫理委員会・解説職務基本規程〈第3版〉74頁）。また、「弁護士の職務に関して」とは依頼者、相手方以外の第三者（利害関係人）との間においても発生し得るとされている（日弁連調査室・条解弁護士法〈第5版〉383頁）。

2 紛議調停制度の手続

　紛議調停の手続においては弁護士法及び日弁連の会規・会則は具体的な規定を置いておらず、各単位会が会規及び会則で定めている。単位会によって多少の差はあれど基本的には紛議調停委員会を設置し、紛議調停委員会が設置した部会（東京弁護士会の場合は2名以上の委員で構成される）が調停手続を行うとされている。

　東京弁護士会における紛議調停の流れは下記のとおりとなっている。

紛議調停手続きの流れ

申立人	会員、依頼者又は紛議につき利害関係を有する者とされています	会員（弁護士会員、弁護士法人会員、外国特別会員）の紛議につき、公正妥当な斡旋調停を行います	会規第1条 会規第2条
調停の申立て	本会に対し、申立人より調停の申立てをすることができます	調停の申立ては書面で行われなければならないとされています	会規第2条 細則第2条
	申立書等の提出を、持参や郵送により受け付けています	書類の提出部数は、申立書（雛型あり）1通とその写し5通、証拠書類等の写しは6通（住民票等1通）	細則第3条
受理	受付後、会の受理手続（理事者への稟議）を行います	理事者等の判断により、委員会へ委嘱しない場合もあります	
事件配布	本会が申立てを受理した場合、紛議調停委員会に事件を委嘱します	紛議調停委員会にて、調停担当委員を決定します	会規第4条 細則第8条
受理通知	申立人あてに発送します		
答弁書等の提出	相手方に対し、調停申立書および証拠書類の写しを送付し、調停申立てのあったことを通知し、答弁書の提出を求めます	相手方が提出する書類の部数は答弁書1通とその写し5通、証拠書類等の写しの部数は6通とされています	会規第5条 細則第7条
	当事者間から出された書面（答弁書・証拠書類・陳述書・上申書・準備書面等）を反対当事者や担当委員に発送します	提出書類は6通ですが、反対当事者への発送を希望しない場合は5通でもよい場合もあります	
調停期日の通知	両当事者へ調停期日通知を発送します	委員会が調停期日を指定し、当事者を呼び出し、調停を行います	会規第9条 細則第9条
調停期日当日	本人出頭の原則	代理人が選任された場合を除き、調停期日には本人が弁護士会館に出頭するのが原則とされています	会規第10条
		当事者が弁護士会館に出頭できないからといって調停委員が当事者のもとに赴いて調停期日を開くということは行っていません	
	代理人の選任	当事者が弁護士又は弁護士法人でない者を代理人に選任する場合には、委任状を提出のうえ、部会または委員会の許可が必要です	会規第11条

調停手続の終了	① 調停成立	合意内容を記載し、当事者又は代理人の署名捺印をした調停書を作成し、当事者へ謄本を交付します	会規第19条
	② 調停不成立	委員会が当事者間に合意成立の見込みがないと認めるときや、当事者が理由なく調停期日に3回以上出頭しない場合等に、委員会が調停不成立を議決した場合	会規第17条
	③ 委員会が「調停しない旨」を議決した場合	事件の性質上調停に適さない事案や当事者が不当な目的でみだりに調停申立てをしたと認められる等、委員会が調停をしない旨を議決した場合	会規第16条
	④ 取下げ	申立人が調停の申立てを取り下げた場合（取下げは、取下書の提出がなされることが必要です）	会規第18条
	⑤ 当事者である会員が存在しなくなったとき	死亡や懲戒処分により、会員が存在しなくなった場合は終了	会規第20条
報告および通知	調停手続が終了した場合、委員会は本会に報告します	本会は当事者に対し、調停手続の終了年月日および終了理由を、書面で通知します	会規第21条

出典：東京弁護士会HP（https://www.toben.or.jp/pdf/hungi_tetuduki%20.pdf）

　紛議調停の申立てがなされた場合、弁護士に対しては紛議調停委員会より答弁書の提出が求められる。その後、紛議調停においては期日が指定され、当事者の呼び出しがなされる。期日においては当事者本人が出廷することが前提であるが、弁護士を代理人にすることは可能である。また、部会の許可があれば弁護士以外の者を代理人として選任することも可能とされている。

　なお、東京弁護士会の紛議調停委員会会規によれば、会員が3回以上期日に出頭しない場合には、懲戒請求を求めることができる（同会規24条1項）と規定されており、理由のない紛議調停であっても欠席をするのではなく、出席の上調停不成立の処理を求める必要があろう。

　期日においては紛議調停委員会より選任された部会の担当委員が調停手続を担当する。なお、紛議調停の対象となった当事者と自己、配偶者、三親等以内の親族である委員及び自己、配偶者、三親等以内の親族が弁護士法人、外国法事務弁護士法人又は弁護士・外国法事務弁護士共同法人の社員又は使用人である弁護士又は外国法事務弁護士は調停手続から除斥される。

　また、担当委員に調停の公正を妨げる事情があるときは、その委員につき忌避の申立てをすることが可能である。

　紛議調停の期日においては、裁判所における民事調停と類似の進行をする

場合が多く、部会の担当委員が当事者と交互に話をし、事実関係の確認及び和解の可否について協議をすることになる。

　調停が成立した場合は委員会は調停書を作成する。紛議調停において和解が成立した場合の効果としては、民法上の和解契約の効力にすぎないとされている。

　当事者間に合意が成立する見込みがないと認めるとき又は当事者が正当な理由なく3回以上出頭しないときは、調停不成立の議決をすることができる。「第1編第1章5　弁護士に対する懲戒請求等の現状」にも記載しているが、紛議調停においては調停が成立する件数よりも調停不成立となる件数の方が多くなっている。

　また、委員会は事件が性質上調停をするのに適当でないと認めるとき又は当事者が不当な目的でみだりに調停の申立てをしたと認めるときは、調停をしない旨の議決をすることができる。

　なお、調停が不成立となった場合において、異議の申立ての制度は存在していない。

3 依頼者との間における紛議調停について

　職務基本規程26条は努力義務であるが、弁護士と依頼者との間で紛争が生じたときはまずは単位会の紛議調停で解決するように努めるものとしており、信頼関係が完全に喪失し、調停が功を奏しないと思われる場合であっても、上記の趣旨からすると、弁護士が依頼者を被告として直ちに訴訟を提起することは慎重にすべきである（日弁連倫理委員会・注釈倫理〈補訂版〉174頁）とされている。

　もっとも、最終的には事案ごとに判断されるものであり、財産の散逸等について緊急性がある場合にまで保全手続を行うことまでは常に否定されるものではないであろう。

（第1章：北　周士）

第2章 | 弁護士の実務

　主に、弁護士が調停の申立てを受けた側（相手方）となったケースを想定して弁護士としての実務を説明する。

1 弁護士賠償責任保険による対応を検討する

　紛議調停の申立てがされた場合、まず検討するのは弁護士賠償責任保険の適用である。弁護士賠償責任保険の対象となる請求には要件があるが、適用の有無については弁護士賠償責任保険審査会という諮問機関に諮られたうえで決定される。明らかに要件を具備しないと思われるもの以外はまず保険会社に対して告知し、受け付けてもらうべきである。なお、約款上は「損害賠償請求を提起された場合」と規定されているが、必ずしも訴訟提起を必要とするものではなく、口頭での請求も含まれるとされている。

2 弁護士賠償責任保険の対象

　弁護士賠償責任保険は、弁護士が弁護士法に規定される弁護士の資格に基づいて遂行した弁護士法3条に規定される業務に起因して、法律上の賠償責任を負担することによって被る損害をてん補するものである。

　要件としては、①弁護士法3条に規定される業務に起因して損害が発生すること（弁護士業務起因性）、②弁護士が法律上の賠償責任を負担すること、の2つを満たす必要がある。

（1）弁護士業務起因性

　弁護士法3条1項は、「弁護士は、当事者その他関係人の依頼又は官公署

の委嘱によつて、訴訟事件、非訟事件及び審査請求、再調査の請求、再審査請求等行政庁に対する不服申立事件に関する行為その他一般の法律事務を行うことを職務とする。」と定めている。「一般の法律事務」には多種多様な業務が含まれ、業務起因性を否認されるケースは必ずしも多くないようである（全国弁護士協同組合連合会編「弁護士賠償責任保険の解説と事例（第6集）」13頁）。

　もっとも、弁護士業務との関連性が薄いものは弁護士業務起因性がないと評価されることもあり得る。先例として、債務整理を受任した弁護士が弁済資金準備のために面識のない金融業者を紹介した行為や、代表取締役職務代行者（会社法351条2項）としての行為が紹介されている（前掲「弁護士賠償責任保険の解説と事例（第6集）」13頁）。

（2）法律上の賠償責任性

　弁護士賠償責任保険の対象は法律上の賠償責任である。次のような場合には保険金支払の対象ではないとされている。

ア　弁護士報酬の返還

　弁護士が依頼者から弁護過誤を主張されるとき、弁護士報酬の一部又は全部の減額を求められることがある。これらの主張は実質的には不当利得返還請求であって、保険支払対象外とされている。依頼者から「損害賠償」請求をされていたとしても、その実質が報酬の減額や返還を求めるものであれば同様に保険支払対象外となる。約款改訂によって「弁護士報酬の返還にかかる賠償責任」が明示的に免責となった。

イ　預かり金の返還

　弁護士はその職務の性質上、依頼者等のために金銭を預かることがある。仮に、預かり金を他に費消したり、間違えて第三者に交付してしまったとしても、預かり金返済義務自体を免れるわけではなく、損害賠償責任とはいえない。したがって、預かり金の返還については保険支払対象外となる。

（3）免責事由

ア　故意免責

　弁護士賠償責任保険は「被保険者または保険契約者の故意によって生じた賠償責任」（賠償責任保険普通保険約款4条1号）を免責としている（いわゆる「故意免責」）。意図的に事故を招致した場合にまで保険金を支払うことは、保険契約当事者間の信義則違反であるとともに公益（公序良俗）にも反するからである（山下友信『保険法（下）』有斐閣（2022年）55頁以下参照）。本保険の規定は、保険法17条1項前段及び同条2項が責任保険について「故意」によって生じた損害の免責を定めていることを受けたものである（全国弁護士協同組合連合会編「弁護士賠償責任保険の解説と事例（第6集）」15頁）。

　「故意」の有無が問題となることの多い事例としては、弁護士が交渉過程で相手方に送付した文書や準備書面等の記載内容について、名誉毀損等に当たるとして相手方から慰謝料等の損害賠償を請求されるケースがある。

　依頼者の要望に基づくものであったとしても訴訟に名を借りた単なる誹謗中傷は厳に慎むべきである。他方で、民事訴訟における弁護士は代理人として積極的に弁論活動を行っていくことが期待されるのであるから、場合によっては相手方の社会的評価の低下につながる主張を行わざるを得ないこともあろう。同保険の従来の扱いとして、公序良俗に反するような場合を除いて保険金支払がなされていたようである（前掲「弁護士賠償責任保険の解説と事例（第6集）」15頁）。

イ　「法令に違反することを認識し、若しくは他人に損害を与えることを予見しながら行った行為」の免責

　賠償責任保険普通保険約款に対する弁護士特約条項3条1項後段は、「その行為が法令に違反することを認識し、もしくは他人に損害を与えることを予見しながら行った行為」に起因する賠償責任を免責の対象としている（以下、「本条項」という）。弁護士であれば認識若しくは予見していたと判断で

151

きる合理的な理由がある場合にも本条項は適用される（本条項（注2））。本条項は「認識ある過失」についての免責を定めたものといわれている。

2019年7月改訂前の本条項「他人に損害を与えるべきことを予見しながら行った行為」の解釈に関して、東京高判平成10年6月23日金判1049号44頁〔28032866〕は「他人に損害を与えるべきことを予測し、かつこれを回避すべき手段があることを認識しつつ、回避すべき措置を講じないという消極的な意思作用に基づく行為」であり、「故意による行為とは別個の行為を意味する」と判示している。また、大阪高判平成19年8月31日金判1334号46頁〔28160341〕は、本条項につき、「他人に損害を与える蓋然性が高いことを認識しながら行為すること」を意味すると述べたうえで、「通常の弁護士の知識水準を前提として、特定の措置……を講じない限り依頼者が損害を被る……蓋然性の高い状況下において、当該特定の措置を講じることを指導助言しなかったというのであるから、控訴人が損害発生の蓋然性が高いことを認識しながら行為したと評価せざるを得ない」と述べ、本条項の適用を認めた。

弁護士としては，適法性に疑問のある行為や依頼者や第三者に対して損害を与えるリスクが高い行為を行う場合には，その後に発生した損害について保険金の支払対象とならない可能性があることに注意すべきである（前掲「弁護士賠償責任保険の解説と事例（第6集）」15頁）。

3 争訟費用のてん補による代理人選任を検討する

全く理由のない（と考える）請求がなされたとき、弁護士にとって当然に賠償責任がないと考えると、弁護士賠償責任保険の検討など思いもよらないかもしれない。

しかしながら、依頼者等から損害賠償請求をされたとき、自己のために代理人を選任した費用（の一部）が、弁護士賠償責任保険の「争訟費用」としててん補される可能性がある。結果的に賠償責任が認められない（弁護士側

の主張が認められた）場合であっても争訟費用は支払われる。ただし、支払
額については保険者の裁量が一定程度認められるため、代理人費用全額が支
払われるという保証まではない。

　賠償責任保険普通保険約款2条1項4号は、「被保険者が当会社の承認を
得て支出した訴訟費用、弁護士報酬または仲裁、和解もしくは調停に関する
費用」を保険金支払の対象としている。これは「訴訟費用、弁護士報酬また
は仲裁、和解もしくは調停に関する費用」（以下、「争訟費用」という）をて
ん補の対象とすることで、保険者の適切な防御活動を保障し、過大な賠償責
任の負担を防止しようとするものである。したがって、保険者にとっても、
適切な代理人が適切な活動をした結果、賠償責任が否定されれば有利になる
のである。

　なお、弁護士賠償責任保険に示談代行サービスはないので、代理人の選任
や相手方との交渉は弁護士自身の責任で行う必要がある。

4　調停に対する対応

（1）答弁書の記載について

　答弁書の記載方法や記載事項については、一般の民事ないし家事調停とさ
ほど変わらない。

　調停申立書記載の申立ての理由に対して、認否反論を加え、弁護士の主張
を加えていく。申立人は本人対応の場合が多いと思われるが、そうすると事
実関係（特に前提事実）の整理も弁護士側で丁寧に行っていった方が、調停
委員としても理解が進むものと考えられる。

（2）期日対応について

　調停期日における進行も、民事ないし家事調停とさほど変わらない（ただ
し、調停委員の裁量によって、通常とは異なる進行もあるかもしれない）。

事案の特性や調停委員の性格によるところも大きいかもしれないが、紛議調停もあくまで「調停」手続であるため、程度の差はあろうが双方に譲歩を求め話合いをまとめる方向での進行がなされる傾向にあるように思われる。

弁護士側からすると、自分が弁護士であるから同じ弁護士である調停委員から一方的に譲歩を迫られていると考えがちであるが、そこはいったん冷静になった方がよい。

（3）調停応諾の判断について

調停委員から提示された調停案を飲んで調停を成立させるかどうかは、金銭面での損得もさることながら、多面的な判断を要する。

判断材料として思いつくポイントを挙げるが、個別性が極めて大きいため、個々の事案に応じた判断をされたい。

なお、当然であるが、「懲戒請求しない」「懲戒請求を取り下げる」という条項を付したとしても、懲戒請求手続自体を阻止したり、停止・中断させる効力はなく、情状として考慮されることとなる。

- ・弁護士賠償責任保険支払対象とできるか（事前に保険会社と協議を要する）
- ・身銭を切ってでも解決するメリットがあるか
  - ・金銭以外の時間的、精神的コストの比較
  - ・他に派生する諸問題の解決（民事、刑事の責任追及、懲戒請求、事案の公開によるレピュテーションリスク、他の依頼者や関係者への波及等）
- ・調停を成立させないと盛り込めない条項を追加するメリット
  - ・口外禁止、秘密保持条項
  - ・接近禁止

（第2章：伊藤　諭）

第3章 | サンプル書式（答弁書）

2023年紛第○号
申立人　○○　○○
相手方　○○　○○

答 弁 書

令和　　年　　月　　日

△△弁護士会紛議調停委員会　御中

相手方　弁護士　○○　○○

第1　申立ての趣旨に対する答弁

第2　申立ての理由に対する認否及び主張
　1　申立ての理由に対する認否
　⑴　委任契約の成立について
　　　認める。
　⑵　交渉の着手及び解決について
　　　認める。相手方が本件委任事件相手方A（以下、単に「A」という。）に架電して交渉をしたところ、一度の電話で解決金100万円を一括で支払う旨の合意が成立したものである。
　　　なお、上記解決金はAより相手方預かり金口座に入金され、現在も相手方が保管中である。
　⑶　報酬に関する意見の対立について
　　　申立人との間で意見の対立があったことは認め、その余は争う。
　　　申立人との間の委任契約において報酬額は、「解決金額の17.6%（経済的利益が300万円以下の場合）」と定めており、本件における報酬額は176,000円（消費税込み）となる。

　2　相手方の主張

　　本件紛議調停の趣旨は、要するに、交渉が極めて短期間でまとまり相手方の作業時間も非常に少なかったはずであるから相手方の作業量に比して報酬の金額が高すぎる、というものである。

　　確かに、Ａとの交渉は極めてスムーズに進み、一度の電話で解決したことは事実である。しかしながら、このような早期解決が実現したことは、本件委任契約に基づいて相手方が代理人弁護士として介入したことが要因であり、まさに委任契約の趣旨に沿った、申立人にとって最大の利益を実現したものに他ならない。

　　したがって、報酬額を変更する事情はなく、相手方預かり金から上記報酬額を控除した金員を申立人に返還する旨の調停を成立されたい。

　　　　　　　　　　　　　　　　　　　　　　　　　　　　　　　以上

　　　　　　　　　　　　　　　　　　　　　　　　（第3章：伊藤　諭）

巻末資料

○弁護士職務基本規程

〔平成十六年十一月十日日本弁護士連合会会規第七十号平成十六年十二月二十日号外官報〕

弁護士職務基本規程（会規第七十号）を左の通り制定したので公告する。

弁護士職務基本規程（会規第七十号）

目次

弁護士は、基本的人権の擁護と社会正義の実現を使命とする。

その使命達成のために、弁護士には職務の自由と独立が要請され、高度の自治が保障されている。

弁護士は、その使命を自覚し、自らの行動を規律する社会的責任を負う。

よって、ここに弁護士の職務に関する倫理と行為規範を明らかにするため、弁護士職務基本規程を制定する。

第一章　基本倫理

（使命の自覚）

第一条　弁護士は、その使命が基本的人権の擁護と社会正義の実現にあることを自覚し、その使命の達成に努める。

（自由と独立）

第二条　弁護士は、職務の自由と独立を重んじる。

（弁護士自治）

第三条　弁護士は、弁護士自治の意義を自覚し、その維持発展に努める。

（司法独立の擁護）

第四条　弁護士は、司法の独立を擁護し、司法制度の健全な発展に寄与するように努める。

（信義誠実）

第五条　弁護士は、真実を尊重し、信義に従い、誠実かつ公正に職務を行うものとする。

（名誉と信用）

第六条　弁護士は、名誉を重んじ、信用を維持するとともに、廉潔を保持し、常に品位を高めるように努める。

（研鑽）

第七条　弁護士は、教養を深め、法令及び法律事務に精通するため、研鑽に努める。

（公益活動の実践）

第八条　弁護士は、その使命にふさわしい公益活動に参加し、実践するように努める。

第二章　一般規律

（広告及び宣伝）

第九条　弁護士は、広告又は宣伝をするときは、虚偽又は誤導にわたる情報を提供してはならない。

2　弁護士は、品位を損なう広告又は宣伝をしてはならない。

（依頼の勧誘等）

第十条　弁護士は、不当な目的のため、又は品位を損なう方法により、事件の依頼を勧誘し、又は事件を誘発してはならない。

（非弁護士との提携）

第十一条　弁護士は、弁護士法第七十二条から第七十四条までの規定に違反する者又

はこれらの規定に違反すると疑うに足りる相当な理由のある者から依頼者の紹介を受け、これらの者を利用し、又はこれらの者に自己の名義を利用させてはならない。

（報酬分配の制限）

第十二条　弁護士は、その職務に関する報酬を弁護士又は弁護士法人でない者との間で分配してはならない。ただし、法令又は本会若しくは所属弁護士会の定める会則に別段の定めがある場合その他正当な理由がある場合は、この限りでない。

（依頼者紹介の対価）

第十三条　弁護士は、依頼者の紹介を受けたことに対する謝礼その他の対価を支払ってはならない。

2　弁護士は、依頼者の紹介をしたことに対する謝礼その他の対価を受け取ってはならない。

（違法行為の助長）

第十四条　弁護士は、詐欺的取引、暴力その他違法若しくは不正な行為を助長し、又はこれらの行為を利用してはならない。

（品位を損なう事業への参加）

第十五条　弁護士は、公序良俗に反する事業その他品位を損なう事業を営み、若しくはこれに加わり、又はこれらの事業に自己の名義を利用させてはならない。

（営利業務従事における品位保持）

第十六条　弁護士は、自ら営利を目的とする業務を営むとき、又は営利を目的とする業務を営む者の取締役、執行役その他業務を執行する役員若しくは使用人となったときは、営利を求めることにとらわれて、品位を損なう行為をしてはならない。

（係争目的物の譲受け）

第十七条　弁護士は、係争の目的物を譲り受けてはならない。

（事件記録の保管等）

第十八条　弁護士は、事件記録を保管又は廃棄するに際しては、秘密及びプライバシーに関する情報が漏れないように注意しなければならない。

（事務職員等の指導監督）

第十九条　弁護士は、事務職員、司法修習生その他の自らの職務に関与させた者が、その者の業務に関し違法若しくは不当な行為に及び、又はその法律事務所の業務に関して知り得た秘密を漏らし、若しくは利用することのないように指導及び監督をしなければならない。

第三章　依頼者との関係における規律

第一節　通則

（依頼者との関係における自由と独立）

第二十条　弁護士は、事件の受任及び処理に当たり、自由かつ独立の立場を保持するように努める。

（正当な利益の実現）

第二十一条　弁護士は、良心に従い、依頼者の権利及び正当な利益を実現するように努める。

（依頼者の意思の尊重）

第二十二条　弁護士は、委任の趣旨に関する依頼者の意思を尊重して職務を行うものとする。

2　弁護士は、依頼者が疾病その他の事情のためその意思を十分に表明できないときは、適切な方法を講じて依頼者の意思の確認に努める。

（秘密の保持）

第二十三条　弁護士は、正当な理由なく、依頼者について職務上知り得た秘密を他に漏らし、又は利用してはならない。

（弁護士報酬）

第二十四条　弁護士は、経済的利益、事案の難易、時間及び労力その他の事情に照らして、適正かつ妥当な弁護士報酬を提示しなければならない。

（依頼者との金銭貸借等）

第二十五条　弁護士は、特別の事情がない限り、依頼者と金銭の貸借をし、又は自己の債務について依頼者に保証を依頼し、若しくは依頼者の債務について保証をしてはならない。

（依頼者との紛議）

第二十六条　弁護士は、依頼者との信頼関係を保持し紛議が生じないように努め、紛議が生じたときは、所属弁護士会の紛議調停で解決するように努める。

第二節　職務を行い得ない事件の規律

（職務を行い得ない事件）

第二十七条　弁護士は、次の各号のいずれかに該当する事件については、その職務を行ってはならない。ただし、第三号に掲げる事件については、受任している事件の依頼者が同意した場合は、この限りでない。

一　相手方の協議を受けて賛助し、又はその依頼を承諾した事件

　二　相手方の協議を受けた事件で、その協議の程度及び方法が信頼関係に基づくと認められるもの

　三　受任している事件の相手方からの依頼による他の事件

　四　公務員として職務上取り扱った事件

　五　仲裁、調停、和解斡旋その他の裁判外紛争解決手続機関の手続実施者として取り扱った事件

（同前）

第二十八条　弁護士は、前条に規定するもののほか、次の各号のいずれかに該当する事件については、その職務を行ってはならない。ただし、第一号及び第四号に掲げる事件についてその依頼者が同意した場合、第二号に掲げる事件についてその依頼者及び相手方が同意した場合並びに第三号に掲げる事件についてその依頼者及び他の依頼者のいずれもが同意した場合は、この限りでない。

　一　相手方が配偶者、直系血族、兄弟姉妹又は同居の親族である事件

　二　受任している他の事件の依頼者又は継続的な法律事務の提供を約している者を相手方とする事件

　三　依頼者の利益と他の依頼者の利益が相反する事件

　四　依頼者の利益と自己の経済的利益が相反する事件

　　　第三節　事件の受任時における規律

（受任の際の説明等）

第二十九条　弁護士は、事件を受任するに当たり、依頼者から得た情報に基づき、事件の見通し、処理の方法並びに弁護士報酬及び費用について、適切な説明をしなければならない。

2　弁護士は、事件について、依頼者に有利な結果となることを請け合い、又は保証してはならない。

3　弁護士は、依頼者の期待する結果が得られる見込みがないにもかかわらず、その見込みがあるように装って事件を受任してはならない。

（委任契約書の作成）

第三十条　弁護士は、事件を受任するに当たり、弁護士報酬に関する事項を含む委任契約書を作成しなければならない。ただし、委任契約書を作成することに困難な事由があるときは、その事由が止んだ後、これを作成する。

2　前項の規定にかかわらず、受任する事件が、法律相談、簡易な書面の作成又は顧問契約その他継続的な契約に基づくものであるときその他合理的な理由があるとき

は、委任契約書の作成を要しない。

（不当な事件の受任）

第三十一条　弁護士は、依頼の目的又は事件処理の方法が明らかに不当な事件を受任
してはならない。

（不利益事項の説明）

第三十二条　弁護士は、同一の事件について複数の依頼者があってその相互間に利害
の対立が生じるおそれがあるときは、事件を受任するに当たり、依頼者それぞれに
対し、辞任の可能性その他の不利益を及ぼすおそれのあることを説明しなければな
らない。

（法律扶助制度等の説明）

第三十三条　弁護士は、依頼者に対し、事案に応じ、法律扶助制度、訴訟救助制度そ
の他の資力の乏しい者の権利保護のための制度を説明し、裁判を受ける権利が保障
されるように努める。

（受任の諾否の通知）

第三十四条　弁護士は、事件の依頼があったときは、速やかに、その諾否を依頼者に
通知しなければならない。

　　　　　第四節　事件の処理における規律

（事件の処理）

第三十五条　弁護士は、事件を受任したときは、速やかに着手し、遅滞なく処理しな
ければならない。

（事件処理の報告及び協議）

第三十六条　弁護士は、必要に応じ、依頼者に対して、事件の経過及び事件の帰趨に
影響を及ぼす事項を報告し、依頼者と協議しながら事件の処理を進めなければなら
ない。

（法令等の調査）

第三十七条　弁護士は、事件の処理に当たり、必要な法令の調査を怠ってはならな
い。

2　弁護士は、事件の処理に当たり、必要かつ可能な事実関係の調査を行うように努
める。

（預り金の保管）

第三十八条　弁護士は、事件に関して依頼者、相手方その他利害関係人から金員を預
かったときは、自己の金員と区別し、預り金であることを明確にする方法で保管

し、その状況を記録しなければならない。

（預り品の保管）

第三十九条　弁護士は、事件に関して依頼者、相手方その他利害関係人から書類その他の物品を預かったときは、善良な管理者の注意をもって保管しなければならない。

（他の弁護士の参加）

第四十条　弁護士は、受任している事件について、依頼者が他の弁護士又は弁護士法人に依頼をしようとするときは、正当な理由なく、これを妨げてはならない。

（受任弁護士間の意見不一致）

第四十一条　弁護士は、同一の事件を受任している他の弁護士又は弁護士法人との間に事件の処理について意見が一致せず、これにより、依頼者に不利益を及ぼすおそれがあるときは、依頼者に対し、その事情を説明しなければならない。

（受任後の利害対立）

第四十二条　弁護士は、複数の依頼者があって、その相互間に利害の対立が生じるおそれのある事件を受任した後、依頼者相互間に現実に利害の対立が生じたときは、依頼者それぞれに対し、速やかに、その事情を告げて、辞任その他の事案に応じた適切な措置をとらなければならない。

（信頼関係の喪失）

第四十三条　弁護士は、受任した事件について、依頼者との間に信頼関係が失われ、かつ、その回復が困難なときは、その旨を説明し、辞任その他の事案に応じた適切な措置をとらなければならない。

第五節　事件の終了時における規律

（処理結果の説明）

第四十四条　弁護士は、委任の終了に当たり、事件処理の状況又はその結果に関し、必要に応じ法的助言を付して、依頼者に説明しなければならない。

（預り金等の返還）

第四十五条　弁護士は、委任の終了に当たり、委任契約に従い、金銭を清算したうえ、預り金及び預り品を遅滞なく返還しなければならない。

第四章　刑事弁護における規律

（刑事弁護の心構え）

第四十六条　弁護士は、被疑者及び被告人の防御権が保障されていることにかんが

み、その権利及び利益を擁護するため、最善の弁護活動に努める。

（接見の確保と身体拘束からの解放）

第四十七条 弁護士は、身体の拘束を受けている被疑者及び被告人について、必要な接見の機会の確保及び身体拘束からの解放に努める。

（防御権の説明等）

第四十八条 弁護士は、被疑者及び被告人に対し、黙秘権その他の防御権について適切な説明及び助言を行い、防御権及び弁護権に対する違法又は不当な制限に対し、必要な対抗措置をとるように努める。

（国選弁護における対価受領等）

第四十九条 弁護士は、国選弁護人に選任された事件について、名目のいかんを問わず、被告人その他の関係者から報酬その他の対価を受領してはならない。

2 弁護士は、前項の事件について、被告人その他の関係者に対し、その事件の私選弁護人に選任するように働きかけてはならない。ただし、本会又は所属弁護士会の定める会則に別段の定めがある場合は、この限りでない。

　　　第五章 組織内弁護士における規律

（自由と独立）

第五十条 官公署又は公私の団体（弁護士法人を除く。以下これらを合わせて「組織」という。）において職員若しくは使用人となり、又は取締役、理事その他の役員となっている弁護士（以下「組織内弁護士」という。）は、弁護士の使命及び弁護士の本質である自由と独立を自覚し、良心に従って職務を行うように努める。

（違法行為に対する措置）

第五十一条 組織内弁護士は、その担当する職務に関し、その組織に属する者が業務上法令に違反する行為を行い、又は行おうとしていることを知ったときは、その者、自らが所属する部署の長又はその組織の長、取締役会若しくは理事会その他の上級機関に対する説明又は勧告その他のその組織内における適切な措置をとらなければならない。

　　　第六章 事件の相手方との関係における規律

（相手方本人との直接交渉）

第五十二条 弁護士は、相手方に法令上の資格を有する代理人が選任されたときは、正当な理由なく、その代理人の承諾を得ないで直接相手方と交渉してはならない。

（相手方からの利益の供与）

第五十三条 弁護士は、受任している事件に関し、相手方から利益の供与若しくは供応を受け、又はこれを要求し、若しくは約束をしてはならない。

（相手方に対する利益の供与）

第五十四条 弁護士は、受任している事件に関し、相手方に対し、利益の供与若しくは供応をし、又は申込みをしてはならない。

第七章　共同事務所における規律

（遵守のための措置）

第五十五条 複数の弁護士が法律事務所（弁護士法人の法律事務所である場合を除く。）を共にする場合（以下この法律事務所を「共同事務所」という。）において、その共同事務所に所属する弁護士（以下「所属弁護士」という。）を監督する権限のある弁護士は、所属弁護士がこの規程を遵守するための必要な措置をとるように努める。

（秘密の保持）

第五十六条 所属弁護士は、他の所属弁護士の依頼者について執務上知り得た秘密を正当な理由なく他に漏らし、又は利用してはならない。その共同事務所の所属弁護士でなくなった後も、同様とする。

（職務を行い得ない事件）

第五十七条 所属弁護士は、他の所属弁護士（所属弁護士であった場合を含む。）が、第二十七条又は第二十八条の規定により職務を行い得ない事件については、職務を行ってはならない。ただし、職務の公正を保ち得る事由があるときは、この限りでない。

（同前―受任後）

第五十八条 所属弁護士は、事件を受任した後に前条に該当する事由があることを知ったときは、速やかに、依頼者にその事情を告げて、辞任その他の事案に応じた適切な措置をとらなければならない。

（事件情報の記録等）

第五十九条 所属弁護士は、職務を行い得ない事件の受任を防止するため、他の所属弁護士と共同して、取扱い事件の依頼者、相手方及び事件名の記録その他の措置をとるように努める。

（準用）

第六十条 この章の規定は、弁護士が外国法事務弁護士と事務所を共にする場合に準用する。この場合において、第五十五条中「複数の弁護士が」とあるのは「弁護士

及び外国法事務弁護士が」と、「共同事務所に所属する弁護士（以下「所属弁護士」
という。）」とあるのは「共同事務所に所属する外国法事務弁護士（以下「所属外国
法事務弁護士」という。）」と、「所属弁護士が」とあるのは「所属外国法事務弁護
士が」と、第五十六条から第五十九条までの規定中「他の所属弁護士」とあるのは
「所属外国法事務弁護士」と、第五十七条中「第二十七条又は第二十八条」とある
のは「外国特別会員基本規程第三十条の二において準用する第二十七条又は第
二十八条」と読み替えるものとする。

第八章　弁護士法人における規律

（遵守のための措置）

第六十一条　弁護士法人の社員である弁護士は、その弁護士法人の社員又は使用人で
ある弁護士（以下「社員等」という。）及び使用人である外国法事務弁護士がこの
規程を遵守するための必要な措置をとるように努める。

（秘密の保持）

第六十二条　社員等は、その弁護士法人、他の社員等又は使用人である外国法事務弁
護士の依頼者について執務上知り得た秘密を正当な理由なく他に漏らし、又は利用
してはならない。社員等でなくなった後も、同様とする。

（職務を行い得ない事件）

第六十三条　社員等（第一号及び第二号の場合においては、社員等であった者を含
む。）は、次に掲げる事件については、職務を行ってはならない。ただし、第四号
に掲げる事件については、その弁護士法人が受任している事件の依頼者の同意があ
る場合は、この限りでない。

一　社員等であった期間内に、その弁護士法人が相手方の協議を受けて賛助し、又
はその依頼を承諾した事件であって、自らこれに関与したもの

二　社員等であった期間内に、その弁護士法人が相手方の協議を受けた事件で、そ
の協議の程度及び方法が信頼関係に基づくと認められるものであって、自らこれ
に関与したもの

三　その弁護士法人が相手方から受任している事件

四　その弁護士法人が受任している事件（当該社員等が自ら関与しているものに限
る。）の相手方からの依頼による他の事件

（他の社員等との関係で職務を行い得ない事件）

第六十四条　社員等は、他の社員等が第二十七条、第二十八条又は第六十三条第一号
若しくは第二号のいずれかの規定により職務を行い得ない事件については、職務を

行ってはならない。ただし、職務の公正を保ち得る事由があるときは、この限りでない。

2　社員等は、使用人である外国法事務弁護士が外国特別会員基本規程第三十条の二において準用する第二十七条、第二十八条又は第六十三条第一号若しくは第二号のいずれかの規定により職務を行い得ない事件については、職務を行ってはならない。ただし、職務の公正を保ち得る事由があるときは、この限りでない。

（業務を行い得ない事件）

第六十五条　弁護士法人は、次の各号のいずれかに該当する事件については、その業務を行ってはならない。ただし、第三号に規定する事件については受任している事件の依頼者の同意がある場合及び第五号に規定する事件についてはその職務を行い得ない社員がその弁護士法人の社員の総数の半数未満であり、かつ、その弁護士法人に業務の公正を保ち得る事由がある場合は、この限りでない。

一　相手方の協議を受けて賛助し、又はその依頼を承諾した事件

二　相手方の協議を受けた事件で、その協議の程度及び方法が信頼関係に基づくと認められるもの

三　受任している事件の相手方からの依頼による他の事件

四　社員等又は使用人である外国法事務弁護士が相手方から受任している事件

五　社員が第二十七条、第二十八条又は第六十三条第一号若しくは第二号のいずれかの規定により職務を行い得ない事件

（同前）

第六十六条　弁護士法人は、前条に規定するもののほか、次の各号のいずれかに該当する事件については、その業務を行ってはならない。ただし、第一号に掲げる事件についてその依頼者及び相手方が同意した場合、第二号に掲げる事件についてその依頼者及び他の依頼者のいずれもが同意した場合並びに第三号に掲げる事件についてその依頼者が同意した場合は、この限りでない。

一　受任している他の事件の依頼者又は継続的な法律事務の提供を約している者を相手方とする事件

二　依頼者の利益と他の依頼者の利益が相反する事件

三　依頼者の利益とその弁護士法人の経済的利益が相反する事件

（同前―受任後）

第六十七条　社員等は、事件を受任した後に第六十三条第三号の規定に該当する事由があることを知ったときは、速やかに、依頼者にその事情を告げ、辞任その他の事案に応じた適切な措置をとらなければならない。

2　弁護士法人は、事件を受任した後に第六十五条第四号又は第五号の規定に該当する事由があることを知ったときは、速やかに、依頼者にその事情を告げ、辞任その他の事案に応じた適切な措置をとらなければならない。

（事件情報の記録等）

第六十八条　弁護士法人は、その業務が制限されている事件を受任すること及びその社員等若しくは使用人である外国法事務弁護士が職務を行い得ない事件を受任することを防止するため、その弁護士法人、社員等及び使用人である外国法事務弁護士の取扱い事件の依頼者、相手方及び事件名の記録その他の措置をとるように努める。

（準用）

第六十九条　第一章から第三章まで（第十六条、第十九条、第二十三条及び第三章中第二節を除く。）、第六章及び第九章から第十二章までの規定は、弁護士法人に準用する。

第九章　他の弁護士との関係における規律

（名誉の尊重）

第七十条　弁護士は、他の弁護士、弁護士法人及び外国法事務弁護士（以下「弁護士等」という。）との関係において、相互に名誉と信義を重んじる。

（弁護士に対する不利益行為）

第七十一条　弁護士は、信義に反して他の弁護士等を不利益に陥れてはならない。

（他の事件への不当介入）

第七十二条　弁護士は、他の弁護士等が受任している事件に不当に介入してはならない。

（弁護士間の紛議）

第七十三条　弁護士は、他の弁護士等との間の紛議については、協議又は弁護士会の紛議調停による円満な解決に努める。

第十章　裁判の関係における規律

（裁判の公正と適正手続）

第七十四条　弁護士は、裁判の公正及び適正手続の実現に努める。

（偽証のそそのかし）

第七十五条　弁護士は、偽証若しくは虚偽の陳述をそそのかし、又は虚偽と知りながらその証拠を提出してはならない。

（裁判手続の遅延）

第七十六条　弁護士は、怠慢により又は不当な目的のため、裁判手続を遅延させてはならない。

（裁判官等との私的関係の不当利用）

第七十七条　弁護士は、その職務を行うに当たり、裁判官、検察官その他裁判手続に関わる公職にある者との縁故その他の私的関係があることを不当に利用してはならない。

第十一章　弁護士会との関係における規律

（弁護士法等の遵守）

第七十八条　弁護士は、弁護士法並びに本会及び所属弁護士会の会則を遵守しなければならない。

（委嘱事項の不当拒絶）

第七十九条　弁護士は、正当な理由なく、会則の定めるところにより、本会、所属弁護士会及び所属弁護士会が弁護士法第四十四条の規定により設けた弁護士会連合会から委嘱された事項を行うことを拒絶してはならない。

第十二章　官公署との関係における規律

（委嘱事項の不当拒絶）

第八十条　弁護士は、正当な理由なく、法令により官公署から委嘱された事項を行うことを拒絶してはならない。

（受託の制限）

第八十一条　弁護士は、法令により官公署から委嘱された事項について、職務の公正を保ち得ない事由があるときは、その委嘱を受けてはならない。

第十三章　解釈適用指針

（解釈適用指針）

第八十二条　この規程は、弁護士の職務の多様性と個別性にかんがみ、その自由と独立を不当に侵すことのないよう、実質的に解釈し適用しなければならない。第五条の解釈適用に当たって、刑事弁護においては、被疑者及び被告人の防御権並びに弁護人の弁護権を侵害することのないように留意しなければならない。

2　第一章並びに第二十条から第二十二条まで、第二十六条、第三十三条、第三十七条第二項、第四十六条から第四十八条まで、第五十条、第五十五条、第五十九条、

第六十一条、第六十八条、第七十条、第七十三条及び第七十四条の規定は、弁護士の職務の行動指針又は努力目標を定めたものとして解釈し適用しなければならない。

附　則
この規程は、平成十七年四月一日から施行する。

○綱紀委員会及び綱紀手続に関する規程

〔平成十五年十一月十二日日本弁護士連合会会規第五十七号平成十五年十二月二十四日号外官報〕

綱紀委員会及び綱紀手続に関する規程（会規第五十七号）を左の通り制定したので公告する。

　　綱紀委員会及び綱紀手続に関する規程（会規第五十七号）

　　第一章　通則

（定義）

第一条　この規程において、次の各号に掲げる用語の意義は、当該各号に定めるところによる。

　一　法　弁護士法をいう。

　二　連合会　日本弁護士連合会をいう。

　三　綱紀委員会　連合会の綱紀委員会をいう（第四条第一項及び第十七条第七項第五号を除く。）。

　四　懲戒委員会　連合会の懲戒委員会をいう（第十九条、第二十四条、第二十九条第二項及び第四十七条第三項を除く。）。

　五　対象弁護士等　審査又は調査の対象となる事案につき懲戒の手続に付された弁護士又は弁護士法人をいう。

　六　対象弁護士　審査又は調査の対象となる事案につき懲戒の手続に付された弁護士をいう。

　七　対象弁護士法人　審査又は調査の対象となる事案につき懲戒の手続に付された弁護士法人をいう。

　八　原弁護士会　異議申出人が懲戒の請求をした弁護士会をいう。

（委員長等）

第二条　綱紀委員会に委員長及び副委員長三人を置く。

2　副委員長は、委員の互選によりこれを定める。

3　副委員長は委員長を補佐し、委員長に事故のあるとき又は委員長が欠けたときは、副委員長が、あらかじめ綱紀委員会の定める順序により、委員長の職務を行う。

（綱紀委員会の招集）

第三条　綱紀委員会は、委員長が招集する。ただし、委員長が選任される前においては、連合会の会長が招集する。

2　綱紀委員会の招集は、日時、場所及び会議の目的たる事項を記載した通知書を会

日の七日前までに委員に発送して行う。ただし、特別の事情があるときは、その期間を短縮し、又は文書によらないで行うことができる。

（除斥）

第四条 委員又は委員を代理する予備委員は、本人、配偶者又は三親等以内の親族に関する事案及び弁護士会の綱紀委員会において関与した事案の審査又は調査から除斥される。

2 委員又は委員を代理する予備委員は、本人、配偶者又は三親等以内の親族が弁護士法人の社員又は使用人である弁護士であるときは、当該弁護士法人に関する事案の審査又は調査から除斥される。

（忌避）

第五条 委員又は委員を代理する予備委員について審査又は調査の公正を害するおそれのある事情があるときは、対象弁護士等は、忌避の申立てをすることができる。

2 綱紀委員会は、前項の規定による申立てに対し、速やかに、決定しなければならない。

（回避）

第六条 委員又は委員を代理する予備委員は、前条第一項の場合には、回避することができる。

（調査員）

第七条 調査員は、連合会の事務総長の推薦に基づき、連合会の会長が任命する。

2 調査員の任期は、二年とする。ただし、再任を妨げない。

3 調査員は、次に掲げる事務を行う。

　一　事案の調査

　二　懲戒の手続に関する調査研究

　三　前二号に規定するほか、綱紀委員会が必要と認めた事項

4 調査員は、前項第一号の調査に当たつて、委員長の求めにより、綱紀委員会、審査期日又は調査期日に出席しなければならない。

5 調査員は、審査期日又は調査期日において、自ら審査若しくは調査をし、又は意見を述べることはできない。

6 調査員は、委員長の求めに応じて調査の結果を綱紀委員会に報告しなければならない。

7 前三条の規定は、調査員に準用する。

（書記）

第八条 連合会の事務総長は、事務局の職員のうちから、綱紀委員会の書記を指名す

る。

2　書記は、委員長の命を受けて、審査又は調査に関する文書の作成、送達その他の
事務をつかさどる。

3　第四条から第六条までの規定は、書記に準用する。

（秘密の保持）

第九条　委員、予備委員、調査員、鑑定人及び連合会の職員は、綱紀委員会の審査及
び調査に関し、職務上知り得た秘密を漏らしてはならない。その職を退いた後も同
様とする。

（綱紀委員会の議事の非公開）

第十条　綱紀委員会の議事は、公開しない。

（部会）

第十一条　委員長は、部会を置くときは、一の部会において、弁護士である委員のう
ちから四人以上、裁判官、検察官及び学識経験者である委員のうちから各一人の部
会員を指名する。

2　部会長は、部会を総理する。

3　部会は、部会長に事故のあるときに、これに代わつて部会長の職務を行う部会員
の順序をあらかじめ定める。

4　部会は、部会長が招集する。ただし、部会長が選任される前においては、委員長
が招集する。

5　綱紀委員会は、その定めるところにより、この規程に基づいて綱紀委員会が行う
審査又は調査を部会に行わせることができる。

6　部会が審査又は調査をした事案については、綱紀委員会の定めるところにより、
部会の議決をもつて綱紀委員会の議決とすることができる。

7　第三条第二項、第四条から第六条まで、第七条第四項から第七項まで、第八条第
二項及び第三項、第九条、第十条、第十二条、第二十五条から第四十条まで、第
四十二条、第四十三条、第四十五条、第四十六条第三項、第五十一条から第六十九
条まで並びに第七十一条の規定は、部会に準用する。この場合において、「委員長」
とあるのは「部会長」と、「委員」とあるのは「部会員」と読み替えるものとする。

8　部会に関し必要な事項は、規則をもつて定める。

（議事録）

第十二条　綱紀委員会を開催したときは、議事録を作成し、出席した委員長及び委員
一人以上がこれに署名押印しなければならない。

2　前項の議事録に関し必要な事項は、規則をもつて定める。

（文書の送達）

第十三条　文書の送達は、送達すべき者に交付し、又は配達証明取扱の書留郵便によつて行う。

2　文書の送達は、これを受けるべき者の所在が知れないとき、その他前項の規定によることができないときは、公示の方法によつてすることができる。

3　公示の方法による送達は、連合会がその文書を保管し、いつでもその送達を受けるべき者に交付する旨を連合会の掲示場に掲示し、かつ、その旨を官報に掲載してこれをなすものとする。この場合においては、その掲示を始めた日の翌日から起算して十四日を経過したときにその文書の送達があつたものとみなす。

（弁護士に対する文書の送達等）

第十四条　対象弁護士及びその他の弁護士に対する文書の送達は、連合会に登録された事務所若しくは住所又は綱紀委員会に届け出られた事務所若しくは住所に宛ててする。

2　前項の場合を除き、対象弁護士、その代理人である弁護士及びその他の弁護士に対する文書の送付及び通知は、この規程に特別の定めがある場合を除いては、連合会に登録された事務所若しくは住所又は綱紀委員会に届け出られた事務所若しくは住所に宛ててする。

（弁護士法人に対する文書の送達等）

第十五条　弁護士法人に対する文書の送達は、主たる法律事務所又は綱紀委員会に届け出られた従たる法律事務所若しくは社員の住所に宛ててする。

2　弁護士法人に対し前項の規定による文書の送達ができないときは、従たる法律事務所又は社員の住所に宛ててすることができる。

3　前二項の場合を除き、弁護士法人に対する文書の送付及び通知は、この規程に特別の定めがある場合を除いては、主たる法律事務所、従たる法律事務所又は社員の住所に宛ててする。

（弁護士法人の変更等の届出）

第十六条　対象弁護士法人は、弁護士法人規程第七条から第十条までに規定する届出をするときは、その旨を綱紀委員会に届け出なければならない。

（代理人）

第十七条　対象弁護士等は、弁護士又は弁護士法人を代理人に選任することができる。

2　弁護士法人が代理人に選任された場合には、当該弁護士法人は、その社員又は使用人である弁護士のうちから代理人の職務を行うべき者を指名し、その氏名（職務

上の氏名を使用している者については、職務上の氏名をいう。以下本条において同じ。）、事務所及び所属弁護士会の名称を綱紀委員会に届け出なければならない。代理人の職務を行うべき者を変更したときも同様とする。

3　対象弁護士等の代理人は、本人のために独立して、この規程に定める行為をすることができる。

4　代理人が二人（弁護士法人は、一弁護士法人を一人とする。）以上あるときは、そのうちの一人の弁護士又は弁護士法人を主任代理人とし、主任代理人は他の代理人を代表する。

5　主任代理人は、対象弁護士等が指定し、指定がないときは、委員長が指定する。

6　対象弁護士等は、代理人又は主任代理人を選任したときは、その氏名又は名称、事務所（弁護士法人にあつては主たる法律事務所の名称及び所在地）及び所属弁護士会の名称を綱紀委員会に届け出なければならない。代理人又は主任代理人を解任したときも同様とする。

7　次に掲げる者は、代理人となることができない。

一　連合会の会長、副会長、事務総長、事務次長及びその他の職員

二　懲戒委員会の委員、予備委員及び調査員

三　綱紀委員会の委員、予備委員及び調査員

四　かつて前号に規定する者のいずれかとして当該事案の審査又は調査に関与した者

五　弁護士会の綱紀委員会の委員、予備委員又は調査員のいずれかとして当該事案の調査に関与した者

（費用の負担）

第十八条　連合会は、綱紀委員会の審査又は調査に要した費用の全部又は一部を、対象弁護士等に負担させることができる。ただし、対象弁護士等が何らの懲戒処分も受けないときは、この限りでない。

2　連合会は、前項に規定する決定をするときは、あらかじめ、綱紀委員会の意見を聴かなければならない。

　　　第二章　懲戒請求者の異議の申出及び審査

（異議の申出の方法）

第十九条　法第六十四条第一項の規定による異議の申出（原弁護士会の懲戒委員会の審査に付されていない事案に限る。）は、異議申出書正本一通及び副本二通を連合会に提出してしなければならない。

（異議申出書の記載事項）

第二十条　異議申出書には、次に掲げる事項を記載しなければならない。

一　異議申出人の氏名及び年令又は名称並びに住所

二　弁護士に対する懲戒の請求に係る異議の申出にあつては、当該弁護士の氏名（職務上の氏名を使用している者については、職務上の氏名を記載することをもつて足りる。）及び原弁護士会の名称

三　弁護士法人に対する懲戒の請求に係る異議の申出にあつては、当該弁護士法人の名称、主たる法律事務所の名称及び所在地並びに原弁護士会の名称

四　懲戒の請求をした年月日

五　原弁護士会から懲戒しない旨の通知を受けたときはその年月日

六　異議の申出の趣旨及び理由

七　会則第六十八条の四第二項の規定による教示の有無及びその内容

八　異議の申出の年月日

2　異議申出人が法人その他の社団又は財団であるときは、異議申出書には前項各号に掲げる事項のほか、その代表者又は管理人の氏名を記載しなければならない。

3　異議申出人は、前項の場合には、代表者又は管理人の資格を証する書面を提出しなければならない。

（異議申出人代表）

第二十条の二　複数の懲戒請求者が共同して異議の申出をしたときは、全員の協議により異議申出人代表一人を選ぶことができる。この場合においては、綱紀委員会に、異議申出人代表の氏名又は名称及び住所を書面により届け出なければならない。異議申出人代表を変更し、又は解任した場合も、同様とする。

2　前項の規定による異議申出人代表の届出がないときは、綱紀委員会は、異議申出人代表一人を指定することができる。異議申出人代表を解任した旨の届出があった場合において、新たに異議申出人代表の届出がないときも、同様とする。

3　前二項の規定により、異議申出人代表が届け出られ、又は指定されたときは、異議申出人に対する文書の送付及び通知は、異議申出人代表に宛ててすれば足りる。

（異議申出期間後の異議の申出）

第二十一条　異議の申出は、天災その他やむを得ない事由があるときは、法第六十四条第二項に規定する期間の経過後もすることができる。

2　前項の規定による異議の申出は、その事由がやんだ日の翌日から起算して一週間以内にしなければならない。

（誤つた教示による異議の申出）

第二十二条 弁護士会は、弁護士会が誤つて弁護士会に異議を申し出ることができる旨教示した場合において、弁護士会に異議の申出がなされたときは、速やかに、異議申出書を連合会に送付し、かつ、異議申出人にその旨を通知しなければならない。この規定により異議申出書が連合会に送付されたときは、弁護士会に異議の申出がされたときに、連合会に異議の申出がなされたものとみなす。

2　弁護士会が誤つて法第六十四条第二項に規定する期間よりも長い期間を異議の申出期間として教示した場合において、その教示された期間内に異議の申出がなされたときは、当該異議の申出は、同項に規定する期間内になされたものとみなす。

（弁護士会に対する記録の提出請求）

第二十三条 連合会は、異議の申出を受けたときは、原弁護士会に対し、その事案の記録の提出を求めることができる。

2　弁護士会は、前項の規定により記録の提出を求められたときは、連合会に対し、遅滞なく、記録を提出しなければならない。

（綱紀委員会に対する審査の請求）

第二十四条 連合会は、法第六十四条第一項の規定による異議の申出があり、当該事案が原弁護士会の懲戒委員会の審査に付されていないものであるときは、速やかに、綱紀委員会にその事案の審査を求めなければならない。

（審査開始の通知）

第二十五条 連合会は、綱紀委員会に異議の審査を求めたときは、速やかに、審査開始通知書を対象弁護士等に送達し、原弁護士会及び異議申出人に送付しなければならない。

2　対象弁護士等に対する審査開始通知書には、次の各号に掲げる事項を記載しなければならない。

一　綱紀委員会に異議の審査を求めたこと。

二　異議申出の内容（異議申出書の副本又は謄本を添付することをもつて代えることができる。）

三　綱紀委員会から出席を求められた審査期日に出席すべきこと。

四　第十七条第一項に規定する代理人の選任ができること。

五　第三十一条第二項に規定する公開の請求ができること。

六　第三十三条第一項に規定する証拠書類等の提出ができること。

七　第三十四条第一項、第三十五条第一項、第三十六条第一項、第三十八条、第三十九条第一項及び第四十条第一項に規定する申立てができること。

八　第四十二条第一項に規定する証拠書類等の閲覧及び謄写ができること。

3　原弁護士会に対する審査開始通知書には、前項第一号及び第二号に規定する事項を記載しなければならない。

4　異議申出人に対する審査開始通知書には、第二項第一号に規定する事項を記載しなければならない。

（補正及び補正しない場合の却下等）

第二十六条　綱紀委員会は、異議の申出が、法又は連合会の会則若しくは会規に規定する手続に違反するときは、期間を定めて、異議申出人にその補正を求めることができる。

2　綱紀委員会は、異議申出人が前項の補正をしないとき又はその手続の違反が補正できないものであるときは、異議の申出を却下する旨の議決をすることができる。

（手続の併合又は分離）

第二十七条　綱紀委員会は、必要があるときは、対象弁護士等の意見を聴き、数個の事案の審査を併合し、又は分離することができる。

（異議申出事案の審査期間）

第二十八条　綱紀委員会は、異議申出事案の審査を求められたときは、六か月以内に審査を遂げて議決を行うものとする。ただし、事案が複雑なときその他特別の事情があるときは、この限りでない。

（審査期日）

第二十九条　綱紀委員会は、事案を審査するため、審査期日を定めることができる。

2　綱紀委員会は、審査期日における審査をした後でなければ、法第六十四条の二第二項の規定により原弁護士会の懲戒委員会に事案の審査を求めることを相当と認める旨の議決をすることができない。

3　綱紀委員会は、第一項の規定により審査期日を定めたときは、その日時及び場所を、対象弁護士等又は代理人に通知しなければならない。ただし、審査期日に出席した者には、次の審査期日を告知するをもつて足りる。

4　最初の審査期日の通知は、その期日の十四日前までに書面を発して行わなければならない。

（対象弁護士の出席等）

第三十条　対象弁護士又は対象弁護士法人の社員は、綱紀委員会から出席を求められた審査期日に出席しなければならない。ただし、特別の事情のあるときは、委員長の承認を得て、期日に出席せず、又は代理人のみを出席させることができる。

2　対象弁護士及び対象弁護士法人の社員は、審査期日に出席することができる。

3　綱紀委員会は、対象弁護士又は対象弁護士法人の社員及び代理人がともに審査期

日に出席しない場合であつても、審査期日を開き、又は審査の手続を終結すること
ができる。

（審査期日の非公開）

第三十一条　審査期日は、公開しない。

2　対象弁護士等の請求があつたときは、前項の規定にかかわらず、第三十五条第一
　項に規定する対象弁護士又は対象弁護士法人の社員を審尋する審査期日を公開す
　る。

3　綱紀委員会は、審査期日を公開しないときでも、相当と認める者の傍聴を許すこ
　とができる。

（審査期日調書）

第三十二条　審査期日における審査の手続の経過については、審査期日調書を作成
　し、別に規則で定めるところにより、審査期日における審査に関する重要な事項を
　記載しなければならない。

（対象弁護士等の証拠書類等の提出）

第三十三条　対象弁護士等は、証拠となる書類、物又は電磁的記録を提出することが
　できる。ただし、綱紀委員会がその期間を定めたときは、その期間内に提出しなけ
　ればならない。

2　綱紀委員会は、審査に関し必要があるときは、対象弁護士等に対し、期間を定め
　て、証拠となる書類、物又は電磁的記録の提出を求めることができる。

3　対象弁護士等は、前項の規定により書類等の提出を求められたときは、正当な理
　由がない限り、これに応じなければならない。

（関係人等の資料の提出）

第三十四条　綱紀委員会は、審査に関し必要があるときは、対象弁護士等の申立てに
　より、又は職権で、関係人及び官公署その他に対して陳述、説明又は資料の提出を
　求めることができる。

2　弁護士及び弁護士法人は、前項の規定により陳述、説明又は資料の提出を求めら
　れたときは、正当な理由がない限り、これに応じなければならない。

（対象弁護士の審尋等）

第三十五条　綱紀委員会は、審査に関し必要があるときは、対象弁護士等の申立てに
　より、又は職権で、対象弁護士又は対象弁護士法人の社員を審尋し、又は陳述若し
　くは説明を求めることができる。

2　対象弁護士又は対象弁護士法人の社員は、前項の規定により陳述又は説明を求め
　られたときは、正当な理由がない限り、これに応じなければならない。

（異議申出人等の審尋）

第三十六条 綱紀委員会は、審査に関し必要があるときは、対象弁護士等の申立てにより、又は職権で、異議申出人（異議申出人が官公署又は公私の団体である場合には、その代表者）又は関係人を審尋することができる。

2 対象弁護士又は対象弁護士法人の社員及び代理人は、前項の場合において、異議申出人又は関係人に対して質問することができる。

3 弁護士又は弁護士法人である異議申出人又は関係人は、綱紀委員会が第一項の規定による審尋をするときは、正当な理由がない限り、これに応じなければならない。

（審査期日調書への引用）

第三十七条 綱紀委員会が、必要と認めて審査期日における供述を速記者に速記させ、又は録音装置を使用して録音したときは、その速記録又は録音を反訳した書面を引用添付して審査期日調書の一部とすることができる。

（物件の提出）

第三十八条 綱紀委員会は、審査に関し必要があるときは、対象弁護士等の申立てにより、又は職権で、書類その他の物の所持人にその物の提出を求めることができる。

（鑑定）

第三十九条 綱紀委員会は、審査に関し必要があるときは、対象弁護士等の申立てにより、又は職権で、学識経験のある者に鑑定を嘱託することができる。

2 鑑定人について誠実な鑑定をすることを妨げるべき事情があるときは、対象弁護士等は、これを忌避することができる。

3 第一項の場合において、綱紀委員会は、必要があると認めるときは、鑑定人に鑑定書の説明をさせることができる。

（検証）

第四十条 綱紀委員会は、審査に関し必要があるときは、対象弁護士等の申立てにより、又は職権で、必要な場所又は物について検証をすることができる。

2 綱紀委員会は、前項の規定により検証をしようとするときは、あらかじめ、その日時及び場所を対象弁護士等に通知し、これに立ち会う機会を与えなければならない。

（原弁護士会の意見陳述）

第四十一条 原弁護士会は、書面により、審査に係る事案につき意見を述べることができる。

2　綱紀委員会は、前項の書面の写しを、対象弁護士等及び異議申出人に送付しなければならない。

（記録の閲覧等）

第四十二条　対象弁護士等、代理人及び原弁護士会は、その事案の審査期日調書、証拠書類又は証拠物を閲覧し、かつ、謄写することができる。ただし、その日時及び場所は、委員長の指示に従わなければならない。

2　綱紀委員会は、相当と認めるときは、異議申出人についても前項の規定の例により閲覧又は謄写を許すことができる。

（主査による調査）

第四十三条　綱紀委員会は、必要があるときは、委員の一人又は数人を主査委員に選ぶことができる。

2　主査委員は、事案の審査のため調査期日を開き、主張の整理及び証拠調べをすることができる。

3　前項の規定による調査の結果は、綱紀委員会に顕出しなければならない。

4　第七条第三項から第六項まで、第二十九条第一項、第三項及び第四項並びに第三十条から第四十条までの規定は、第二項の調査期日に準用する。この場合において、「委員長」とあり、及び「綱紀委員会」とあるのは、「主査委員」と読み替えるものとする。

（請求外事案の処理）

第四十四条　綱紀委員会は、審査開始の後、対象弁護士等について法第五十六条第一項の規定に該当する非行があると思料するときは、その旨及び事案の内容を連合会の会長に報告することができる。

2　連合会は、前項の規定による報告を受けたときは、速やかに、その旨及び事案の内容を原弁護士会に通知しなければならない。

（議決及び報告）

第四十五条　綱紀委員会は、審査の手続を終結したときは、速やかに、事案について議決を行う。

2　綱紀委員会は、前項の規定による議決をしたときは、速やかに、議決の結果及び理由を記載した議決書を添えて、連合会の会長に報告しなければならない。

3　前項の議決書には、委員長が署名押印する。

（異議の申出の取下げ）

第四十六条　異議申出人は、連合会が異議の申出につき次条に規定する決定等をするまでは、いつでも、その申出を取り下げることができる。

2　前項の取下げは、書面でしなければならない。

3　綱紀委員会は、第一項の規定による異議の取下げがあつたときは、審査を終了する旨の議決をする。

4　綱紀委員会は、前項に規定する議決をしたときは、速やかに、書面をもつてその旨を、連合会の会長に報告しなければならない。

5　連合会は、前項の場合においては、対象弁護士等及び原弁護士会に、その旨及びその理由を通知しなければならない。

6　対象弁護士等に対する前項の通知は、第十三条に規定する文書の送達によつて行う。

（連合会の決定等）

第四十七条　連合会は、綱紀委員会が異議の申出を不適法として却下することを相当と認める旨の議決をしたときは、速やかに、異議の申出を却下する決定をしなければならない。

2　連合会は、綱紀委員会が異議の申出は理由がないとして棄却することを相当と認める旨の議決をしたときは、速やかに、異議の申出を棄却する決定をしなければならない。

3　連合会は、綱紀委員会が異議の申出につき原弁護士会の懲戒委員会に事案の審査を求めることを相当と認める旨の議決をしたときは、速やかに、原弁護士会がした対象弁護士等を懲戒しない旨の決定を取り消して、事案を原弁護士会に送付する。

4　連合会は、原弁護士会が相当の期間内に懲戒の手続を終えないことについての異議の申出につき、綱紀委員会がその異議の申出に理由があると認める旨の議決をしたときは、原弁護士会に対し、速やかに懲戒の手続を進め、対象弁護士等を懲戒し、又は懲戒しない旨の決定をするよう命じなければならない。

5　連合会は、綱紀委員会が対象弁護士が死亡したことにより審査を終了する旨の議決をしたときは、懲戒の手続を終了する。

6　連合会は、綱紀委員会が対象弁護士が弁護士でなくなつたことにより審査を終了する旨の議決をしたときは、懲戒の手続を終了する。

（連合会の決定等の通知）

第四十八条　連合会は、前条第一項から第四項までに規定する決定をしたときは、速やかに、対象弁護士等、異議申出人及び原弁護士会に、その旨及びその理由を書面により通知しなければならない。

2　連合会は、綱紀委員会が前条第五項に規定する議決をしたときは、異議申出人及び原弁護士会に、その旨及びその理由を書面により通知しなければならない。

3　連合会は、綱紀委員会が前条第六項に規定する議決をしたときは、異議申出人、原弁護士会及び対象弁護士であつた者に、その旨及びその理由を書面により通知しなければならない。

4　対象弁護士等及び異議申出人に対する前三項の通知は、第十三条に規定する文書の送達によつて行う。

5　異議申出人に対する前条第一項又は第二項に係る第一項の通知には、通知を受けた日の翌日から起算して三十日以内に、連合会に対して法第六十四条の三第一項に規定する綱紀審査の申出ができる旨を教示しなければならない。

第三章　連合会の調査請求及び調査

（調査の開始）

第四十九条　連合会は、弁護士又は弁護士法人について懲戒の事由があると思料するときは、法第六十条第二項の規定により綱紀委員会にその事案の調査を求めることができる。

2　連合会は、前項の規定により事案の調査を求めるときは、綱紀委員会に次に掲げる事項を記載した調査請求書を提出してしなければならない。

一　弁護士に対する懲戒の事案にあつては、当該弁護士の氏名（職務上の氏名を使用している者については、職務上の氏名を併記する。）及び所属弁護士会の名称

二　弁護士法人に対する懲戒の事案にあつては、当該弁護士法人の名称、主たる法律事務所の名称及び所在地並びに所属弁護士会の名称

三　調査を求める事案

四　調査を求める年月日

（調査開始の通知）

第五十条　連合会は、前条の規定により事案の調査を求めたときは、速やかに、調査開始通知書を対象弁護士等に送達し、対象弁護士等の所属弁護士会に送付しなければならない。

2　対象弁護士等に対する調査開始通知書には、次の各号に掲げる事項を記載しなければならない。

一　綱紀委員会に事案の調査を求めたこと。

二　調査を求めた事案（調査請求書の謄本を添付することをもつて代えることができる。）

三　綱紀委員会から出席を求められた調査期日に出席すべきこと。

四　第十七条第一項に規定する代理人の選任ができること。

　　五　第五十七条第二項に規定する公開の請求ができること。

　　六　第五十九条第三項に規定する証拠書類等の提出ができること。

　　七　第六十条第一項、第六十一条第一項、第六十二条第一項、第六十五条、第
　　　六十六条第一項及び第六十七条第一項に規定する申立てができること。

　　八　第六十八条に規定する証拠書類等の閲覧及び謄写ができること。

3　対象弁護士等の所属弁護士会に対する調査開始通知書には、前項第一号及び第二
　号に規定する事項を記載しなければならない。

（手続の併合又は分離）

第五十一条　綱紀委員会は、必要があるときは、対象弁護士等の意見を聴き、数個の
　事案の本章に規定する調査及び第二章に規定する審査を併合し、又は分離すること
　ができる。

（調査請求事案の調査期間）

第五十二条　綱紀委員会は、法第六十条第二項の規定により事案の調査を求められた
　ときは、六か月以内に調査を遂げて議決を行うものとする。ただし、事案が複雑な
　ときその他特別の事情があるときは、この限りでない。

（弁明等）

第五十三条　綱紀委員会は、事案の調査にあたつては、対象弁護士等に対し、弁明そ
　の他陳述の機会を与えなければならない。

2　綱紀委員会は、連合会から事案の調査を求められたときは、原則として一か月以
　内に、対象弁護士等からの弁明を聴取し、又は弁明書の提出を求めるものとする。

（調査期日）

第五十四条　綱紀委員会は、事案を調査するため、調査期日を定めなければならな
　い。

2　綱紀委員会は、前項の規定により調査期日を定めたときは、その日時及び場所
　を、対象弁護士等又は代理人に通知しなければならない。ただし、調査期日に出席
　した者には、次の調査期日を告知するをもつて足りる。

3　最初の調査期日の通知は、その期日の十四日前までに書面を発して行わなければ
　ならない。

（調査期日外の調査）

第五十五条　綱紀委員会は、調査期日外においても、第六十九条第二項の規定による
　調査をすることができる。

2　前項の規定による調査の結果は、綱紀委員会に顕出しなければならない。

（対象弁護士の出席等）

第五十六条 対象弁護士及び対象弁護士法人の社員は、綱紀委員会から出席を求められた調査期日に出席しなければならない。ただし、特別の事情のあるときは、委員長の承認を得て、期日に出席せず、又は代理人のみを出席させることができる。

2 対象弁護士及び対象弁護士法人の社員は、調査期日に出席することができる。

3 綱紀委員会は、対象弁護士又は対象弁護士法人の社員及び代理人がともに調査期日に出席しない場合であつても、調査期日を開き、又は調査を終了することができる。

（調査期日の非公開）

第五十七条 調査期日は、公開しない。

2 対象弁護士等の請求があつたときは、前項の規定にかかわらず、第六十一条第一項に規定する対象弁護士又は対象弁護士法人の社員を審尋する調査期日を公開する。

3 綱紀委員会は、調査期日を公開しないときでも、相当と認める者の傍聴を許すことができる。

（調査期日調書）

第五十八条 調査期日における調査の経過については、調査期日調書を作成し、別に規則で定めるところにより、調査期日における調査に関する重要な事項を記載しなければならない。

（対象弁護士等の証拠書類等の提出）

第五十九条 対象弁護士等は、証拠となる書類、物又は電磁的記録を提出することができる。ただし、綱紀委員会がその期間を定めたときは、その期間内に提出しなければならない。

2 綱紀委員会は、調査に関し必要があるときは、対象弁護士等に対し、期間を定めて、証拠となる書類、物又は電磁的記録の提出を求めることができる。

3 対象弁護士等は、前項の規定により書類等の提出を求められたときは、正当な理由がない限り、これに応じなければならない。

（関係人等の資料の提出）

第六十条 綱紀委員会は、調査に関し必要があるときは、対象弁護士等の申立てにより、又は職権で、関係人及び官公署その他に対して陳述、説明又は資料の提出を求めることができる。

2 弁護士及び弁護士法人は、前項の規定により陳述、説明又は資料の提出を求められたときは、正当な理由がない限り、これに応じなければならない。

（対象弁護士の審尋等）

第六十一条　綱紀委員会は、調査に関し必要があるときは、対象弁護士等の申立てにより、又は職権で、対象弁護士又は対象弁護士法人の社員を審尋し、又は陳述若しくは説明を求めることができる。

2　対象弁護士又は対象弁護士法人の社員は、前項の規定により陳述又は説明を求められたときは、正当な理由がない限り、これに応じなければならない。

（関係人の審尋）

第六十二条　綱紀委員会は、調査に関し必要があるときは、対象弁護士等の申立てにより、又は職権で、関係人を審尋することができる。

2　対象弁護士又は対象弁護士法人の社員及び代理人は、前項の場合において、関係人に対して質問することができる。

3　弁護士又は弁護士法人である関係人は、綱紀委員会が第一項の規定による審尋をするときは、正当な理由がない限り、これに応じなければならない。

（供述録取書）

第六十三条　綱紀委員会は、対象弁護士、対象弁護士法人の社員その他関係人の供述を録取して、供述録取書を作成することができる。

2　前項の規定により供述を録取した委員は、供述録取書に署名押印しなければならない。

（調査期日調書及び供述録取書への引用）

第六十四条　綱紀委員会が、必要と認めて調査期日における供述を速記者に速記させ、又は録音装置を使用して録音したときは、その速記録又は録音を反訳した書面を引用添付して調査期日調書又は供述録取書の一部とすることができる。

（物件の提出）

第六十五条　綱紀委員会は、調査に関し必要があるときは、対象弁護士等の申立てにより、又は職権で、書類その他の物の所持人にその物の提出を求めることができる。

（鑑定）

第六十六条　綱紀委員会は、調査に関し必要があるときは、対象弁護士等の申立てにより、又は職権で、学識経験のある者に鑑定を嘱託することができる。

2　鑑定人について誠実な鑑定をすることを妨げるべき事情があるときは、対象弁護士等は、これを忌避することができる。

3　第一項の場合において、綱紀委員会は、必要があると認めるときは、鑑定人に鑑定書の説明をさせることができる。

（検証）

第六十七条　綱紀委員会は、調査に関し必要があるときは、対象弁護士等の申立てにより、又は職権で、必要な場所又は物について検証をすることができる。

2　綱紀委員会は、前項の規定により検証をしようとするときは、あらかじめ、その日時及び場所を対象弁護士等に通知し、これに立ち会う機会を与えなければならない。

（記録の閲覧等）

第六十八条　対象弁護士等及び代理人は、その事案の調査期日調書又は綱紀委員会の調査期日に顕出された証拠書類若しくは証拠物を閲覧し、かつ、謄写することができる。ただし、その日時及び場所は、委員長の指示に従わなければならない。

（主査による調査）

第六十九条　綱紀委員会は、必要があるときは、委員の一人又は数人を主査委員に選ぶことができる。

2　綱紀委員会は、主査委員に命じて事案の調査をさせることができる。

3　主査委員は、事案の調査のため調査期日を開き、主張の整理及び証拠調べをすることができる。

4　第七条第三項から第六項まで、第五十四条及び第五十六条から第六十七条までの規定は、前項の調査期日に準用する。この場合において、「委員長」とあり、及び「綱紀委員会」とあるのは、「主査委員」と読み替えるものとする。

（請求外事案の報告）

第七十条　綱紀委員会は、調査開始の後、対象弁護士等について法第五十六条第一項の規定に該当する非行があると思料するときは、その旨及び事案の内容を連合会の会長に報告することができる。

（議決及び報告）

第七十一条　綱紀委員会は、調査を終了したときは、速やかに、懲戒委員会に事案の審査を求めることを相当と認めるか否かについて議決をしなければならない。

2　綱紀委員会は、前項の規定による議決をしたときは、速やかに、議決の結果及び理由を記載した議決書を添えて、連合会の会長に報告しなければならない。

3　前項の議決書には、委員長が署名押印する。

（連合会の決定等）

第七十二条　連合会は、綱紀委員会が懲戒委員会に事案の審査を求めることを相当と認める旨の議決をしたときは、速やかに、懲戒委員会に事案の審査を求めなければならない。

2　連合会は、綱紀委員会が懲戒委員会に事案の審査を求めないことを相当とする議

決をしたときは、速やかに、対象弁護士等を懲戒しない旨の決定をしなければならない。

3　連合会は、綱紀委員会が対象弁護士が死亡したことにより調査を終了する旨の議決をしたときは、懲戒の手続を終了する。

4　連合会は、綱紀委員会が対象弁護士が弁護士でなくなつたことにより調査を終了する旨の議決をしたときは、懲戒の手続を終了する。

（連合会の決定等の通知）

第七十三条　連合会は、前条第一項の規定により懲戒委員会に事案の審査を求めたときは、速やかに、対象弁護士等及び対象弁護士等の所属弁護士会に、議決書の謄本を添付して、書面により通知しなければならない。

2　連合会は、前条第二項の規定により対象弁護士等を懲戒しない旨の決定をしたときは、速やかに、対象弁護士等及び対象弁護士等の所属弁護士会に、議決書の謄本を添付して、書面により通知しなければならない。

3　連合会は、綱紀委員会が前条第三項に規定する議決をしたときは、対象弁護士の所属した弁護士会に、その旨及びその理由を書面により通知しなければならない。

4　連合会は、綱紀委員会が前条第四項に規定する議決をしたときは、対象弁護士の所属した弁護士会及び対象弁護士であつた者に、その旨及びその理由を書面により通知しなければならない。

5　対象弁護士等に対する第一項及び第二項の通知は、第十三条に規定する文書の送達によつて行う。

　　　第四章　綱紀審査会の調査嘱託及び調査

（綱紀審査会の調査嘱託による調査）

第七十四条　綱紀委員会は、綱紀審査会から綱紀審査に関し必要な調査を嘱託されたときは、嘱託された事項につき調査する。

（指名委員による調査）

第七十五条　委員長は、一人又は数人の委員を指名して、前条に規定する調査をさせることができる。

2　前項の規定により指名を受けた委員は、嘱託された事項を調査し、その結果を綱紀委員会に顕出しなければならない。

（調査結果の報告）

第七十六条　綱紀委員会は、速やかに、嘱託された事項に関する調査の結果を綱紀審査会に報告しなければならない。

2　綱紀委員会は、前項に規定する報告に、資料を添付することができる。

第五章　補則

（細則）

第七十七条　綱紀委員会は、この規程で定めるもののほか、これを実施するために必要な事項を細則で定めることができる。

　　附　則

1　この規程は、平成十六年四月一日から施行する。

2　この規程の施行の日（以下「施行日」という。）前に懲戒の請求があり、又は懲戒の手続が開始された事案についても、この規程を適用する。ただし、施行日前に、改正前の弁護士法第六十一条第一項の規定による異議の申出がなされた事案については、この限りでない。

　　　附　則〔平成十九年三月一日日本弁護士連合会会規第七十九号〕

　この規程は、平成十九年三月一日から施行する。〔後略〕

　　　附　則〔平成二十年五月三十日〕

　第二十条の二（新設）の改正規定は、平成二十年五月三十日から施行する。

　　　附　則〔平成二十年十二月五日日本弁護士連合会会規第九十一号抄〕

1　この規程は、成立の日から起算して二年を超えない範囲内において理事会で定める日〔平成二十二年十二月一日〕から施行する。

○懲戒委員会及び懲戒手続に関する規程

〔平成十五年十一月十二日日本弁護士連合会会規第五十九号平成十五年十二月二十四日号外官報〕

懲戒委員会及び懲戒手続に関する規程（会規第五十九号）を左の通り制定したので公告する。

懲戒委員会及び懲戒手続に関する規程（会規第五十九号）

第一章　通則

（定義）

第一条　この規程において、次の各号に掲げる用語の意義は、当該各号に定めるところによる。

一　法　弁護士法をいう。

二　連合会　日本弁護士連合会をいう。

三　綱紀委員会　連合会の綱紀委員会をいう（第三条第一項及び第十六条第七項第五号を除く。）。

四　懲戒委員会　連合会の懲戒委員会をいう（第三条第一項、第十六条第七項第五号、第六十条及び第六十五条を除く。）。

五　対象弁護士等　審査の対象となる事案につき懲戒の手続に付された弁護士又は弁護士法人をいう。

六　対象弁護士　審査の対象となる事案につき懲戒の手続に付された弁護士をいう。

七　対象弁護士法人　審査の対象となる事案につき懲戒の手続に付された弁護士法人をいう。

八　原弁護士会　異議申出人が懲戒の請求をした弁護士会をいう。

（懲戒委員会の招集）

第二条　懲戒委員会は、委員長が招集する。ただし、委員長が選任される前においては、連合会の会長が招集する。

2　懲戒委員会の招集は、日時、場所及び会議の目的たる事項を記載した通知書を会日の七日前までに委員に発送して行う。ただし、特別の事情があるときは、その期間を短縮し、又は文書によらないで行うことができる。

（除斥）

第三条　委員又は委員を代理する予備委員は、本人、配偶者又は三親等以内の親族に関する事案及び弁護士会の綱紀委員会若しくは懲戒委員会又は連合会の綱紀委員会若しくは綱紀審査会において関与した事案の審査から除斥される。

2　委員又は委員を代理する予備委員は、本人、配偶者又は三親等以内の親族が弁護士法人の社員又は使用人である弁護士であるときは、当該弁護士法人に関する事案の審査から除斥される。

（忌避）

第四条　委員又は委員を代理する予備委員について審査の公正を害するおそれのある事情があるときは、対象弁護士等は、忌避の申立てをすることができる。

2　懲戒委員会は、前項の規定による申立てに対し、速やかに、決定しなければならない。

（回避）

第五条　委員又は委員を代理する予備委員は、前条第一項の場合には、回避することができる。

（調査員）

第六条　調査員は、連合会の事務総長の推薦に基づき、連合会の会長が任命する。

2　調査員の任期は、二年とする。ただし、再任を妨げない。

3　調査員は、次に掲げる事務を行う。

一　事案の調査

二　懲戒の手続に関する調査研究

三　前二号に規定するほか、懲戒委員会が必要と認めた事項

4　調査員は、前項第一号の調査に当たつて、委員長の求めにより、懲戒委員会又は審査期日に出席しなければならない。

5　調査員は、審査期日において、自ら審査をし、又は意見を述べることはできない。

6　調査員は、委員長の求めに応じて調査の結果を懲戒委員会に報告しなければならない。

7　前三条の規定は、調査員に準用する。

（書記）

第七条　連合会の事務総長は、事務局の職員のうちから、懲戒委員会の書記を指名する。

2　書記は、委員長の命を受けて、審査に関する文書の作成、送達その他の事務をつかさどる。

3　第三条から第五条までの規定は、書記に準用する。

（秘密の保持）

第八条　委員、予備委員、調査員、鑑定人及び連合会の職員は、懲戒委員会の審査に

関し、職務上知り得た秘密を漏らしてはならない。その職を退いた後も同様とする。

（懲戒委員会の議事の非公開）

第九条　懲戒委員会の議事は、公開しない。

（部会）

第十条　委員長は、部会を置くときは、一の部会において、弁護士である委員のうちから四人、裁判官、検察官及び学識経験者である委員のうちから各一人の部会員を指名する。

2　部会長は、部会を総理する。

3　部会は、部会長に事故のあるときに、これに代わつて部会長の職務を行う部会員の順序をあらかじめ定める。

4　部会は、部会長が招集する。ただし、部会長が選任される前においては、委員長が招集する。

5　懲戒委員会は、その定めるところにより、この規程に基づいて懲戒委員会が行う審査を部会に行わせることができる。

6　部会が審査をした事案については、懲戒委員会の定めるところにより、部会の議決をもつて懲戒委員会の議決とすることができる。

7　第二条第二項、第三条から第五条まで、第六条第四項から第七項まで、第七条第二項及び第三項、第八条、第九条、第十一条、第十八条から第三十条まで、第三十八条、第三十九条、第四十一条、第四十三条第三項、第五十二条から第五十四条まで、第五十六条、第六十七条から第六十九条まで、第七十一条並びに第七十三条第三項の規定は、部会に準用する。この場合において、「委員長」とあるのは「部会長」と、「委員」とあるのは「部会員」と読み替えるものとする。

8　部会に関し必要な事項は、規則をもつて定める。

（議事録）

第十一条　懲戒委員会を開催したときは、議事録を作成し、出席した委員長及び委員一人以上がこれに署名押印しなければならない。

2　前項の議事録に関し必要な事項は、規則をもつて定める。

（文書の送達）

第十二条　文書の送達は、送達すべき者に交付し、又は配達証明取扱の書留郵便によつて行う。

2　文書の送達は、これを受けるべき者の所在が知れないとき、その他前項の規定によることができないときは、公示の方法によつてすることができる。

3　公示の方法による送達は、連合会がその文書を保管し、いつでもその送達を受ける
べき者に交付する旨を連合会の掲示場に掲示し、かつ、その旨を官報に掲載して
これをなすものとする。この場合においては、その掲示を始めた日の翌日から起算
して十四日を経過したときにその文書の送達があつたものとみなす。

（弁護士に対する文書の送達等）

第十三条　対象弁護士及びその他の弁護士に対する文書の送達は、連合会に登録され
た事務所若しくは住所又は懲戒委員会に届け出られた事務所若しくは住所に宛てて
する。

2　前項の場合を除き、対象弁護士、その代理人である弁護士及びその他の弁護士に
対する文書の送付及び通知は、この規程に特別の定めがある場合を除いては、連合
会に登録された事務所若しくは住所又は懲戒委員会に届け出られた事務所若しくは
住所に宛ててする。

（弁護士法人に対する文書の送達等）

第十四条　弁護士法人に対する文書の送達は、主たる法律事務所又は懲戒委員会に届
け出られた従たる法律事務所若しくは社員の住所に宛ててする。

2　弁護士法人に対し前項の規定による文書の送達ができないときは、従たる法律事
務所又は社員の住所に宛ててすることができる。

3　前二項の場合を除き、弁護士法人に対する文書の送付及び通知は、この規程に特
別の定めがある場合を除いては、主たる法律事務所、従たる法律事務所又は社員の
住所に宛ててする。

（弁護士法人の変更等の届出）

第十五条　対象弁護士法人は、弁護士法人規程第七条から第十条までに規定する届出
をするときは、その旨を懲戒委員会に届け出なければならない。

（代理人）

第十六条　対象弁護士等は、弁護士又は弁護士法人を代理人に選任することができ
る。

2　弁護士法人が代理人に選任された場合には、当該弁護士法人は、その社員又は使
用人である弁護士のうちから代理人の職務を行うべき者を指名し、その氏名（職務
上の氏名を使用している者については、職務上の氏名をいう。以下本条において同
じ。）、事務所及び所属弁護士会の名称を懲戒委員会に届け出なければならない。代
理人の職務を行うべき者を変更したときも同様とする。

3　対象弁護士等の代理人は、本人のために独立して、この規程に定める行為をする
ことができる。

4 　代理人が二人（弁護士法人は、一弁護士法人を一人とする。）以上あるときは、そのうちの一人の弁護士又は弁護士法人を主任代理人とし、主任代理人は他の代理人を代表する。

5 　主任代理人は、対象弁護士等が指定し、指定がないときは、委員長が指定する。

6 　対象弁護士等は、代理人又は主任代理人を選任したときは、その氏名又は名称、事務所（弁護士法人にあつては主たる法律事務所の名称及び所在地）及び所属弁護士会の名称を懲戒委員会に届け出なければならない。代理人又は主任代理人を解任したときも同様とする。

7 　次に掲げる者は、代理人となることができない。

一 　連合会の会長、副会長、事務総長、事務次長及びその他の職員

二 　懲戒委員会の委員、予備委員及び調査員

三 　綱紀委員会の委員、予備委員及び調査員

四 　かつて前号に規定する者又は綱紀審査会の事務局員のいずれかとして当該事案の審査又は調査に関与した者

五 　弁護士会の綱紀委員会又は懲戒委員会の委員、予備委員又は調査員のいずれかとして当該事案の調査又は審査に関与した者

（費用の負担）

第十七条 　連合会は、懲戒委員会の審査に要した費用の全部又は一部を、対象弁護士等に負担させることができる。ただし、対象弁護士等が何らの懲戒処分も受けないときは、この限りでない。

2 　連合会は、前項に規定する決定をするときは、あらかじめ、懲戒委員会の意見を聴かなければならない。

（手続の併合又は分離）

第十八条 　懲戒委員会は、必要があるときは、対象弁護士等の意見を聴き、数個の事案の審査を併合し、又は分離することができる。

（審査期日）

第十九条 　懲戒委員会は、事案を審査するため、審査期日を定めることができる。

2 　懲戒委員会は、審査期日における審査をした後でなければ、次の各号に掲げる議決をすることができない。

一 　法第五十九条の規定により原弁護士会がした懲戒の処分を変更する旨の議決をするとき。

二 　法第六十条第五項の規定により対象弁護士等を懲戒することを相当と認める場合において、懲戒の処分の内容を明示して、その旨の議決をするとき。

　三　法第六十四条の五第二項の規定により対象弁護士等を懲戒することを相当と認める場合において、懲戒の処分の内容を明示して、その旨の議決をするとき。

　四　法第六十四条の五第四項の規定により異議の申出に理由があると認める場合において、懲戒の処分の内容を明示して、懲戒の処分を変更することを相当とする旨の議決をするとき。

3　懲戒委員会は、第一項の規定により審査期日を定めたときは、その日時及び場所を、対象弁護士等又は代理人に通知しなければならない。ただし、審査期日に出席した者には、次の審査期日を告知するをもつて足りる。

4　最初の審査期日の通知は、その期日の十四日前までに書面を発して行わなければならない。

（対象弁護士の出席等）

第二十条　対象弁護士又は対象弁護士法人の社員は、懲戒委員会から出席を求められた審査期日に出席しなければならない。ただし、特別の事情のあるときは、委員長の承認を得て、期日に出席せず、又は代理人のみを出席させることができる。

2　対象弁護士及び対象弁護士法人の社員は、審査期日に出席し、陳述することができる。

3　懲戒委員会は、対象弁護士又は対象弁護士法人の社員及び代理人がともに審査期日に出席しない場合であつても、審査期日を開き、又は審査の手続を終結することができる。

（審査期日の非公開）

第二十一条　審査期日は、公開しない。

2　対象弁護士等の請求があつたときは、前項の規定にかかわらず、第二十五条第一項に規定する対象弁護士又は対象弁護士法人の社員を審尋する審査期日を公開する。

3　懲戒委員会は、審査期日を公開しないときでも、相当と認める者の傍聴を許すことができる。

（審査期日調書）

第二十二条　審査期日における審査の手続の経過については、審査期日調書を作成し、別に規則で定めるところにより、審査期日における審査に関する重要な事項を記載しなければならない。

（対象弁護士等の証拠書類等の提出）

第二十三条　対象弁護士等は、証拠となる書類、物又は電磁的記録を提出することができる。ただし、懲戒委員会がその期間を定めたときは、その期間内に提出しなけ

ればならない。

2　懲戒委員会は、審査に関し必要があるときは、対象弁護士等に対し、期間を定めて、証拠となる書類、物又は電磁的記録の提出を求めることができる。

3　対象弁護士等は、前項の規定により書類等の提出を求められたときは、正当な理由がない限り、これに応じなければならない。

（関係人等の資料の提出）

第二十四条　懲戒委員会は、審査に関し必要があるときは、対象弁護士等の申立てにより、又は職権で、関係人及び官公署その他に対して陳述、説明又は資料の提出を求めることができる。

2　弁護士及び弁護士法人は、前項の規定により陳述、説明又は資料の提出を求められたときは、正当な理由がない限り、これに応じなければならない。

（対象弁護士の審尋等）

第二十五条　懲戒委員会は、審査に関し必要があるときは、対象弁護士等の申立てにより、又は職権で、対象弁護士又は対象弁護士法人の社員を審尋し、又は陳述若しくは説明を求めることができる。

2　対象弁護士又は対象弁護士法人の社員は、前項の規定により陳述又は説明を求められたときは、正当な理由がない限り、これに応じなければならない。

（物件の提出）

第二十六条　懲戒委員会は、審査に関し必要があるときは、対象弁護士等の申立てにより、又は職権で、書類その他の物の所持人にその物の提出を求めることができる。

（鑑定）

第二十七条　懲戒委員会は、審査に関し必要があるときは、対象弁護士等の申立てにより、又は職権で、学識経験のある者に鑑定を嘱託することができる。

2　鑑定人について誠実な鑑定をすることを妨げるべき事情があるときは、対象弁護士等は、これを忌避することができる。

3　第一項の場合において、懲戒委員会は、必要があると認めるときは、鑑定人に鑑定書の説明をさせることができる。

（検証）

第二十八条　懲戒委員会は、審査に関し必要があるときは、対象弁護士等の申立てにより、又は職権で、必要な場所又は物について検証をすることができる。

2　懲戒委員会は、前項の規定により検証をしようとするときは、あらかじめ、その日時及び場所を対象弁護士等に通知し、これに立ち会う機会を与えなければならな

い。

（主査による調査）

第二十九条 懲戒委員会は、必要があるときは、委員の一人又は数人を主査委員に選ぶことができる。

2 主査委員は、事案の審査のため調査期日を開き、主張の整理及び証拠調べをすることができる。

3 前項の規定による調査の結果は、懲戒委員会に顕出しなければならない。

4 第六条第三項から第六項まで、第十九条第一項、第三項及び第四項、第二十条から第二十八条まで、第三十九条、第五十三条並びに第六十九条の規定は、調査期日に準用する。この場合において、「委員長」とあり、及び「懲戒委員会」とあるのは、「主査委員」と読み替えるものとする。

（議決）

第三十条 懲戒委員会は、審査の手続を終結したときは、速やかに、議決を行い、議決書を作成しなければならない。

2 前項の議決書には、次に掲げる事項を記載し、議決に加わつた委員が署名押印しなければならない。

　一 事件番号

　二 対象弁護士等の氏名（職務上の氏名を使用している者については、職務上の氏名を併記する。）又は名称、登録番号（弁護士法人にあつては届出番号）、事務所（弁護士法人にあつては主たる法律事務所の名称及び所在地）、所属弁護士会の名称及び代理人の氏名（職務上の氏名を使用している者については、職務上の氏名をいう。）又は名称

　三 主文

　四 理由

　五 議決の年月日

3 第一項に規定する議決書には、前項に規定する事項に加えて、各委員の意見を記載することができる。

（議決の報告）

第三十一条 懲戒委員会は、前条の規定による議決をしたときは、速やかに、議決書を添えて、連合会の会長に報告しなければならない。

（懲戒書）

第三十二条 連合会は、会員を懲戒するときは、懲戒書を作成し、その正本を対象弁護士等に送達しなければならない。

2　懲戒書には、対象弁護士等の氏名（職務上の氏名を使用している者については、職務上の氏名を併記する。）又は名称、登録番号（弁護士法人にあつては届出番号）、事務所（弁護士法人にあつては主たる法律事務所の名称及び所在地）及び所属弁護士会の名称並びに懲戒の処分の内容及び懲戒の処分の理由を記載し、連合会の会長がこれに署名押印しなければならない。

3　懲戒の処分は、懲戒書の正本を対象弁護士等に送達することによつて効力を生ずる。

4　懲戒書の原本は、連合会が保存する。

第二章　懲戒を受けた者の審査請求及び審査

（行政不服審査法との関係）

第三十三条　懲戒を受けた者の審査請求については、第一章及び本章に規定するところによるほか、行政不服審査法の規定するところによる。

（審査請求の方式）

第三十四条　審査請求は、審査請求書正本一通及び副本二通を、原弁護士会又は連合会に提出してしなければならない。この場合において、審査請求人が弁護士法人であるときは、その登記事項証明書を添えて提出しなければならない。

2　審査請求書には、行政不服審査法第十五条第一項に掲げる事項のほか、審査請求人の所属弁護士会の名称を記載しなければならない。

（弁護士会に対する記録の提出請求）

第三十五条　連合会は、審査請求があつたときは、原弁護士会に対し、その事案の記録の提出を求めることができる。

2　弁護士会は、前項の規定により記録の提出を求められたときは、連合会に対し、遅滞なく、記録を提出しなければならない。

（懲戒委員会に対する審査の請求）

第三十六条　連合会は、法第五十九条の規定による審査請求があつたときは、速やかに、懲戒委員会にその事案の審査を求めなければならない。

（審査開始の通知）

第三十七条　連合会は、懲戒委員会に前条の規定により事案の審査を求めたときは、審査開始通知書を対象弁護士等に送達し、原弁護士会及び懲戒請求者に送付しなければならない。

2　対象弁護士等に対する審査開始通知書には、次の各号に掲げる事項を記載しなければならない。

一　懲戒委員会に事案の審査を求めたこと。

二　懲戒委員会から出席を求められた審査期日に出席すべきこと。

三　第十六条第一項に規定する代理人の選任ができること。

四　第二十一条第二項に規定する公開の請求ができること。

五　第二十三条第一項に規定する証拠書類等の提出ができること。

六　第二十四条第一項、第二十五条第一項、第二十六条、第二十七条第一項、第二十八条第一項及び第三十九条第一項に規定する申立てができること。

七　第四十一条に規定する証拠書類等の閲覧及び謄写ができること。

3　原弁護士会及び懲戒請求者に対する審査開始通知書には、審査請求の内容（審査請求書があるときは、その副本又は謄本を添付することをもつて代えることができる。）及び前項第一号に規定する事項を記載しなければならない。

（審査請求事案の審査期間）

第三十八条　懲戒委員会は、審査請求事案の審査を求められたときは、六か月以内に審査を遂げて議決を行うものとする。ただし、事案が複雑なときその他特別の事情があるときは、この限りでない。

（関係人の審尋）

第三十九条　懲戒委員会は、審査に関し必要があるときは、対象弁護士等の申立てにより、又は職権で、関係人を審尋することができる。

2　対象弁護士又は対象弁護士法人の社員及び代理人は、前項の場合において、関係人に対して質問することができる。

3　弁護士又は弁護士法人である関係人は、懲戒委員会が第一項の規定による審尋をするときは、正当な理由がない限り、これに応じなければならない。

（原弁護士会の意見陳述）

第四十条　原弁護士会は、書面により、審査に係る事案につき意見を述べることができる。

2　懲戒委員会は、前項の書面の写しを、対象弁護士等に送付しなければならない。

（記録の閲覧等）

第四十一条　対象弁護士等、代理人及び原弁護士会は、その事案の審査期日調書、証拠書類又は証拠物を閲覧し、かつ、謄写することができる。ただし、その日時及び場所は、委員長の指示に従わなければならない。

（請求外事案の処理）

第四十二条　懲戒委員会は、審査開始の後、対象弁護士等について法第五十六条第一項の規定に該当する非行があると思料するときは、その旨及び事案の内容を連合会

の会長に報告することができる。

2　連合会は、前項の報告を受けたときは、速やかに、その旨及び事案の内容を原弁護士会に通知しなければならない。

（審査請求の取下げ）

第四十三条　審査請求人は、連合会が審査請求に対する裁決をするまでは、いつでも、その審査請求を取り下げることができる。

2　前項の取下げは、書面でしなければならない。

3　懲戒委員会は、第一項の規定による審査請求の取下げがあつたときは、審査を終了する旨の議決をする。

4　懲戒委員会は、前項に規定する議決をしたときは、速やかに、書面をもつてその旨を連合会の会長に報告しなければならない。

5　連合会は、前項の場合においては、原弁護士会及び懲戒請求者に、その旨及びその理由を通知しなければならない。

6　懲戒請求者に対する前項の通知は、第十二条に規定する文書の送達によつて行う。

（連合会の裁決等）

第四十四条　連合会は、懲戒委員会が審査請求を不適法として却下することを相当と認める旨の議決をしたときは、速やかに、審査請求を却下する裁決をしなければならない。

2　連合会は、懲戒委員会が審査請求は理由がないとして棄却することを相当と認める旨の議決をしたときは、速やかに、審査請求を棄却する裁決をしなければならない。

3　連合会は、懲戒委員会が懲戒処分を取り消し又は変更することを相当と認める旨の議決をしたときは、速やかに、懲戒処分を取り消し又は変更する裁決をしなければならない。

4　連合会は、懲戒委員会が対象弁護士が死亡したことにより審査を終了する旨の議決をしたときは、懲戒の手続を終了する。

5　連合会は、懲戒委員会が対象弁護士が弁護士でなくなつたことにより審査を終了する旨の議決をしたときは、懲戒の手続を終了する。

（連合会の裁決等の通知）

第四十五条　連合会は、前条第一項から第三項までに規定する裁決をしたときは、速やかに、対象弁護士等、原弁護士会及び懲戒請求者に、その旨及びその理由を書面により通知しなければならない。

2　連合会は、懲戒委員会が前条第四項に規定する議決をしたときは、懲戒請求者及び原弁護士会に、その旨及びその理由を書面により通知しなければならない。

3　連合会は、懲戒委員会が前条第五項に規定する議決をしたときは、懲戒請求者、原弁護士会及び対象弁護士であつた者に、その旨及びその理由を書面により通知しなければならない。

4　対象弁護士等に対する第一項の通知は、第十二条に規定するところにより裁決書の謄本を送達して行う。

（懲戒処分の効力停止等）

第四十六条　連合会は、必要があると認めるときは、審査請求人からの申立てにより、又は職権で、懲戒処分の効力を停止することができる。

2　前項に規定する申立ては、効力停止申立書正本一通を連合会に提出してしなければならない。

3　連合会は、事情に変更があるときは、前になした効力停止の決定を取り消すことができる。

4　連合会は、審査請求又は効力停止の申立てが取り下げられたときは、効力停止の決定を取り消さなければならない。

（懲戒委員会の意見の聴取）

第四十七条　連合会は、懲戒処分の効力を停止するとき、懲戒処分の効力停止の申立てを却下するとき又は前条第三項の規定により効力停止の決定を取り消すときは、あらかじめ、懲戒委員会の意見を聴かなければならない。

（効力停止に関する通知）

第四十八条　連合会は、第四十六条第一項の規定により懲戒処分の効力を停止したとき又は同条第三項の規定により前にした懲戒処分の効力停止の決定を取り消したときは、速やかに、審査請求人、懲戒請求者及び原弁護士会に、その旨を書面により通知しなければならない。

2　連合会は、第四十六条第一項に規定する効力停止の申立てを却下したときは、審査請求人に、その旨及び理由を書面により通知しなければならない。

（効力停止の申立て及び取下げの方式）

第四十九条　第三十四条第二項の規定は懲戒処分の効力停止の申立てに、第四十三条第一項及び第二項の規定はその申立ての取下げの場合に準用する。

　　　第三章　法第六十条による審査の請求及び審査

（懲戒委員会に対する審査の請求）

第五十条 連合会は、法第六十条第三項の規定により綱紀委員会が対象弁護士等につき懲戒委員会に事案の審査を求めることを相当と認める旨の議決をしたときは、速やかに、懲戒委員会に対し、綱紀委員会の議決書の謄本及び調査記録を添えてその事案の審査を求めなければならない。

（審査開始の通知）

第五十一条 連合会は、懲戒委員会に事案の審査を求めたときは、速やかに、審査開始通知書を対象弁護士等に送達し、対象弁護士等の所属弁護士会に送付しなければならない。

2 対象弁護士等に対する審査開始通知書には、次の各号に掲げる事項を記載しなければならない。

一 懲戒委員会に事案の審査を求めたこと。

二 審査を求めた事案（綱紀委員会の議決書の謄本を添付することをもって代えることができる。）

三 懲戒委員会から出席を求められた審査期日に出席すべきこと。

四 第十六条第一項に規定する代理人の選任ができること。

五 第二十一条第二項に規定する公開の請求ができること。

六 第二十三条第一項に規定する証拠書類等の提出ができること。

七 第二十四条第一項、第二十五条第一項、第二十六条、第二十七条第一項、第二十八条第一項及び第五十三条第一項に規定する申立てができること。

八 第五十四条に規定する証拠書類等の閲覧及び謄写ができること。

3 対象弁護士等の所属弁護士会に対する審査開始通知書には、前項第一号及び第二号に規定する事項を記載しなければならない。

（法第六十条第三項の審査の期間）

第五十二条 懲戒委員会は、法第六十条第三項の規定により事案の審査を求められたときは、六か月以内に審査を遂げて議決を行うものとする。ただし、事案が複雑なときその他特別の事情があるときは、この限りでない。

（関係人の審尋）

第五十三条 懲戒委員会は、審査に関し必要があるときは、対象弁護士等の申立てにより、又は職権で、関係人を審尋することができる。

2 対象弁護士又は対象弁護士法人の社員及び代理人は、前項の場合において、関係人に対して質問することができる。

3 弁護士又は弁護士法人である関係人は、懲戒委員会が第一項の規定による審尋をするときは、正当な理由がない限り、これに応じなければならない。

（記録の閲覧等）

第五十四条　対象弁護士等及び代理人は、その事案の審査期日調書、証拠書類又は証拠物を閲覧し、かつ、謄写することができる。ただし、その日時及び場所は、委員長の指示に従わなければならない。

（請求外事案の報告）

第五十五条　懲戒委員会は、審査開始の後、対象弁護士等について法第五十六条第一項の規定に該当する非行があると思料するときは、その旨及び事案の内容を連合会の会長に報告することができる。

（懲戒の議決等）

第五十六条　懲戒委員会は、第五十条に規定する審査により対象弁護士等につき懲戒することを相当と認めるときは、懲戒処分の内容を明示して、その旨の議決をする。

2　懲戒委員会は、第五十条に規定する審査により対象弁護士等につき懲戒しないことを相当と認めるときは、その旨の議決をする。

3　懲戒委員会は、対象弁護士が死亡したとき又は弁護士でなくなつたときは、審査を終了する旨の議決をする。

（連合会の懲戒）

第五十七条　連合会は、懲戒委員会が前条第一項に規定する議決をしたときは、当該議決に基づき、速やかに、対象弁護士等を懲戒しなければならない。

（懲戒しない旨の決定等）

第五十八条　連合会は、懲戒委員会が第五十六条第二項に規定する議決をしたときは、対象弁護士等を懲戒しない旨の決定をしなければならない。

2　連合会は、懲戒委員会が第五十六条第三項に規定する議決をしたときは、懲戒の手続を終了する。

（懲戒しない旨の通知等）

第五十九条　連合会は、前条第一項に規定する決定をしたときは、速やかに、対象弁護士等及びその所属弁護士会に、その旨及びその理由を書面により通知しなければならない。

2　連合会は、対象弁護士が死亡したことにより懲戒の手続を終了したときは、速やかに、対象弁護士の所属した弁護士会に、その旨及びその理由を書面により通知しなければならない。

3　連合会は、対象弁護士が弁護士でなくなつたことにより懲戒の手続を終了したときは、速やかに、対象弁護士であつた者及び対象弁護士の所属した弁護士会に、そ

の旨及びその理由を書面により通知しなければならない。

4 　対象弁護士等に対する第一項の通知は、第十二条に規定する文書の送達によつて行う。

　　　第四章　懲戒請求者の異議の申出及び審査

（異議の申出の方法）

第六十条　法第六十四条第一項の規定による異議の申出（原弁護士会の懲戒委員会の審査に付された事案に限る。）は、異議申出書正本一通及び副本二通を連合会に提出してしなければならない。

（異議申出書の記載事項）

第六十一条　異議申出書には、次に掲げる事項を記載しなければならない。

一　異議申出人の氏名及び年令又は名称並びに住所

二　弁護士に対する懲戒の請求に係る異議の申出にあつては、当該弁護士の氏名（職務上の氏名を使用している者については、職務上の氏名を記載することをもつて足りる。）及び原弁護士会の名称

三　弁護士法人に対する懲戒の請求に係る異議の申出にあつては、当該弁護士法人の名称、主たる法律事務所の名称及び所在地並びに原弁護士会の名称

四　懲戒の請求をした年月日

五　原弁護士会から懲戒の処分をした旨の通知又は懲戒しない旨の通知を受けたときはその年月日

六　異議の申出の趣旨及び理由

七　会則第六十八条の四第二項の規定による教示の有無及びその内容

八　異議の申出の年月日

2 　異議申出人が法人その他の社団又は財団であるときは、異議申出書には前項各号に掲げる事項のほか、その代表者又は管理人の氏名を記載しなければならない。

3 　異議申出人は、前項の場合には、代表者又は管理人の資格を証する書面を提出しなければならない。

（異議申出人代表）

第六十一条の二　複数の懲戒請求者が共同して異議の申出をしたときは、全員の協議により異議申出人代表一人を選ぶことができる。この場合においては、懲戒委員会に、異議申出人代表の氏名又は名称及び住所を書面により届け出なければならない。異議申出人代表を変更し、又は解任した場合も、同様とする。

2 　前項の規定による異議申出人代表の届出がないときは、懲戒委員会は、異議申出

人代表一人を指定することができる。異議申出人代表を解任した旨の届出があった場合において、新たに異議申出人代表の届出がないときも、同様とする。

3　前二項の規定により、異議申出人代表が届け出られ、又は指定されたときは、異議申出人に対する文書の送付及び通知は、異議申出人代表に宛ててすれば足りる。

（異議申出期間後の異議の申出）

第六十二条　異議の申出は、天災その他やむを得ない事由があるときは、法第六十四条第二項に規定する期間の経過後もすることができる。

2　前項の規定による異議の申出は、その事由がやんだ日の翌日から起算して一週間以内にしなければならない。

（誤つた教示による異議の申出）

第六十三条　弁護士会は、弁護士会が誤つて弁護士会に異議を申し出ることができる旨教示した場合において、弁護士会に異議の申出がなされたときは、速やかに、異議申出書を連合会に送付し、かつ、異議申出人にその旨を通知しなければならない。この規定により異議申出書が連合会に送付されたときは、弁護士会に異議の申出がされたときに、連合会に異議の申出がなされたものとみなす。

2　弁護士会が誤つて法第六十四条第二項に規定する期間よりも長い期間を異議の申出期間として教示した場合において、その教示された期間内に異議の申出がなされたときは、当該異議の申出は、同項に規定する期間内になされたものとみなす。

（弁護士会に対する記録の提出請求）

第六十四条　連合会は、異議の申出を受けたときは、原弁護士会に対し、その事案の記録の提出を求めることができる。

2　弁護士会は、前項の規定により記録の提出を求められたときは、連合会に対し、遅滞なく、記録を提出しなければならない。

（懲戒委員会に対する審査の請求）

第六十五条　連合会は、法第六十四条第一項の規定による異議の申出があり、当該事案が原弁護士会の懲戒委員会の審査に付されたものであるときは、速やかに、懲戒委員会にその事案の審査を求めなければならない。

（審査開始の通知）

第六十六条　連合会は、懲戒委員会に異議の審査を求めたときは、速やかに、審査開始通知書を対象弁護士等に送達し、原弁護士会及び異議申出人に送付しなければならない。

2　対象弁護士等に対する審査開始通知書には、次の各号に掲げる事項を記載しなければならない。

　　一　懲戒委員会に異議の審査を求めたこと。

　　二　異議申出の内容（異議申出書の副本又は謄本を添付することをもつて代えることができる。）

　　三　懲戒委員会から出席を求められた審査期日に出席すべきこと。

　　四　第十六条第一項に規定する代理人の選任ができること。

　　五　第二十一条第二項に規定する公開の請求ができること。

　　六　第二十三条第一項に規定する証拠書類等の提出ができること。

　　七　第二十四条第一項、第二十五条第一項、第二十六条、第二十七条第一項、第二十八条第一項及び第六十九条に規定する申立てができること。

　　八　第七十一条第一項に規定する証拠書類等の閲覧及び謄写ができること。

3　原弁護士会に対する審査開始通知書には、前項第一号及び第二号に規定する事項を記載しなければならない。

4　異議申出人に対する審査開始通知書には、第二項第一号に規定する事項を記載しなければならない。

（補正及び補正しない場合の却下等）

第六十七条　懲戒委員会は、異議の申出が、法又は連合会の会則若しくは会規に規定する手続に違反するときは、期間を定めて、異議申出人にその補正を求めることができる。

2　懲戒委員会は、異議申出人が前項の補正をしないとき又はその手続の違反が補正できないものであるときは、異議の申出を却下する旨の議決をすることができる。

（異議申出事案の審査期間）

第六十八条　懲戒委員会は、異議申出事案の審査を求められたときは、六か月以内に審査を遂げて議決を行うものとする。ただし、事案が複雑なときその他特別の事情があるときは、この限りでない。

（異議申出人等の審尋）

第六十九条　懲戒委員会は、審査に関し必要があるときは、対象弁護士等の申立てにより、又は職権で、異議申出人（異議申出人が官公署又は公私の団体である場合には、その代表者）又は関係人を審尋することができる。

2　対象弁護士又は対象弁護士法人の社員及び代理人は、前項の場合において、異議申出人又は関係人に対して質問することができる。

3　弁護士又は弁護士法人である異議申出人又は関係人は、懲戒委員会が第一項の規定による審尋をするときは、正当な理由がない限り、これに応じなければならない。

（原弁護士会の意見陳述）

第七十条 原弁護士会は、書面により、審査に係る事案につき意見を述べることができる。

2 懲戒委員会は、前項の書面の写しを、対象弁護士等及び異議申出人に送付しなければならない。

（記録の閲覧等）

第七十一条 対象弁護士等、代理人及び原弁護士会は、その事案の審査期日調書、証拠書類又は証拠物を閲覧し、かつ、謄写することができる。ただし、その日時及び場所は、委員長の指示に従わなければならない。

2 懲戒委員会は、相当と認めるときは、異議申出人についても前項の規定の例により閲覧又は謄写を許すことができる。

（請求外事案の処理）

第七十二条 懲戒委員会は、審査開始の後、対象弁護士等について法第五十六条第一項の規定に該当する非行があると思料するときは、その旨及び事案の内容を連合会の会長に報告することができる。

2 連合会は、前項の報告を受けたときは、速やかに、その旨及び事案の内容を原弁護士会に通知しなければならない。

（異議の申出の取下げ）

第七十三条 異議申出人は、連合会が異議の申出につき次条に規定する決定等をするまでは、いつでも、その申出を取り下げることができる。

2 前項の取下げは、書面でしなければならない。

3 懲戒委員会は、第一項の規定による異議の取下げがあつたときは、審査を終了する旨の議決をする。

4 懲戒委員会は、前項に規定する議決をしたときは、速やかに、書面をもつてその旨を、連合会の会長に報告しなければならない。

5 連合会は、前項の場合においては、対象弁護士等及び原弁護士会に、その旨及びその理由を通知しなければならない。

6 対象弁護士等に対する前項の通知は、第十二条に規定する文書の送達によつて行う。

（連合会の処分等）

第七十四条 連合会は、原弁護士会が法第五十八条第六項の規定により対象弁護士等を懲戒しない旨の決定をしたことについての異議の申出につき、懲戒委員会が対象弁護士等を懲戒することを相当と認める旨の議決をしたときは、速やかに、原弁護

士会がした対象弁護士等を懲戒しない旨の決定を取り消し、自ら対象弁護士等を懲戒しなければならない。

2　連合会は、原弁護士会が相当の期間内に懲戒の手続を終えないことについての異議の申出につき、懲戒委員会がその異議の申出に理由があると認める旨の議決をしたときは、原弁護士会に対し、速やかに懲戒の手続を進め、対象弁護士等を懲戒し、又は懲戒しない旨の決定をするよう命じなければならない。

3　連合会は、原弁護士会がした懲戒の処分が不当に軽いとする異議の申出につき、懲戒委員会が異議の申出に理由があると認めて懲戒の処分を変更することを相当とする旨の議決をしたときは、速やかに、原弁護士会がした懲戒の処分を取り消し、自ら対象弁護士等を懲戒しなければならない。

4　連合会は、懲戒委員会が異議の申出を不適法として却下することを相当と認める旨の議決をしたときは、速やかに、異議の申出を却下する決定をしなければならない。

5　連合会は、懲戒委員会が異議の申出は理由がないとして棄却することを相当と認める旨の議決をしたときは、速やかに、異議の申出を棄却する決定をしなければならない。

6　連合会は、懲戒委員会が対象弁護士が死亡したこと又は弁護士でなくなつたことにより審査を終了する旨の議決をしたときは、懲戒の手続を終了する。

（連合会の処分等の通知）

第七十五条　連合会は、前条第一項から第五項までに規定する決定をしたときは、速やかに、対象弁護士等、異議申出人及び原弁護士会に、議決書の謄本を添付して書面により通知しなければならない。

2　連合会は、懲戒委員会が前条第六項に規定する議決をしたときは、異議申出人、原弁護士会及び対象弁護士であつた者に、その旨及び理由を書面により通知しなければならない。

3　対象弁護士等及び異議申出人に対する前二項の通知は、第十二条に規定する文書の送達によつて行う。

　　第五章　補則

（判決等の通知）

第七十六条　第四十五条及び第四十八条の規定は、裁決若しくは連合会の処分の取消しの訴えに関して判決が確定し、又は裁決若しくは連合会の処分の効力を停止し、若しくは効力停止の決定を取り消す旨の決定があつた場合に準用する。

（業務停止の期間の計算）

第七十七条　懲戒の処分のうち、業務停止の期間を月又は年をもつて定めたときは、暦に従つて計算する。

2　業務停止の期間は、裁決書又は懲戒書送達の日から起算する。

（会費及び特別会費の徴収に関する取扱い）

第七十八条　退会命令（弁護士法人についての場合を除く。）又は除名の処分にあつては、懲戒書送達の日から、連合会の会費及び特別会費は徴収しない。ただし、連合会又は裁判所が懲戒処分の効力停止の決定を送達した日の翌日から、その決定が効力を失つた日の前日までの期間の会費及び特別会費は、この限りでない。

　　　　附　　則

（施行期日）

第一条　この規程は、平成十六年四月一日から施行する。

（懲戒手続規程の廃止）

第二条　懲戒手続規程（会規第二十三号）及び懲戒委員会の調査員に関する規程（会規第二十四号）は、廃止する。

（経過措置の原則）

第三条　次条に定めるものを除き、この規程の施行の日（以下「施行日」という。）前に懲戒の請求があり、又は懲戒の手続が開始された事案についても、この規程を適用する。

（異議申出事案の経過措置）

第四条　施行日前に、改正前の弁護士法（以下「旧弁護士法」という。）第六十一条第一項の規定による異議の申出がなされた事案に係る懲戒の手続については、第七十五条の規定を除き、なお従前の例による。ただし、同条の規定は施行日前に連合会がした第七十四条に規定する処分等については、適用しない。

（審査請求事案の経過措置）

第五条　施行日前に、旧弁護士法第五十九条の規定による審査請求がなされた事案に係る懲戒の手続については、この規程を適用する。ただし、従前の規程により生じた効力を妨げない。

2　施行日前に、前項の事案における懲戒の手続が終了したときは、この規程は適用しない。

（連合会による懲戒事案の経過措置）

第六条　施行日前に、旧弁護士法第六十条の規定による懲戒の手続が開始された事案

については、この規程を適用する。ただし、従前の規程により生じた効力を妨げない。

2　施行日前に、前項の事案における懲戒の手続が終了したときは、この規程は適用しない。

　　　　附　　則〔平成十九年三月一日日本弁護士連合会会規第七十九号〕

この規程は、平成十九年三月一日から施行する。〔後略〕

　　　　附　　則〔平成二十年五月三十日〕

第六十一条の二（新設）の改正規定は、平成二十年五月三十日から施行する。

　　　　附　　則〔平成二十年十二月五日日本弁護士連合会会規第九十一号抄〕

1　この規程は、成立の日から起算して二年を超えない範囲内において理事会で定める日〔平成二十二年十二月一日〕から施行する。

サービス・インフォメーション
.... 通話無料 ....

① 商品に関するご照会・お申込みのご依頼
　　　　　　TEL 0120（203）694／FAX 0120（302）640
② ご住所・ご名義等各種変更のご連絡
　　　　　　TEL 0120（203）696／FAX 0120（202）974
③ 請求・お支払いに関するご照会・ご要望
　　　　　　TEL 0120（203）695／FAX 0120（202）973

● フリーダイヤル（TEL）の受付時間は、土・日・祝日を除く
　9：00〜17：30です。
● FAXは24時間受け付けておりますので、あわせてご利用ください。

懲戒請求・紛議調停を申し立てられた際の
弁護士実務と心得

2023年8月15日　初版発行
2023年12月15日　初版第2刷発行

著　者　伊　藤　諭　　北　周　士
発行者　田　中　英　弥
発行所　第一法規株式会社
　　　　〒107-8560　東京都港区南青山2-11-17
　　　　ホームページ　https://www.daiichihoki.co.jp/
装　丁　篠　　隆　二

懲戒紛議実務　ISBN 978-4-474-09115-3　C2032（7）